JN438455

기다리는 등대

기다리는 등대

진해자 수필집

수필과비평사

책을 내며

수필은 기본적으로 '상처의 문학'이라는 생각을 해 봅니다. 사람은 저마다 다른 상처를 지니고 살아가고 있지요. 또한 그에 대응하는 방식도 사람에 따라 다르다고 생각합니다. 슬픔과 절망으로 평생 과거에 붙박여 살아가는 사람이 있는가 하면, 망각하려 애쓰고 새로운 진실을 배우려 노력하는 사람도 있습니다.

문학은 '나의 상처'를 통해 타자와 세상의 아픔을 위무하고 공감하게 만드는 힘을 지니고 있는 것이 아닌가 합니다. 우리들 삶의 그루터기에 깊이 팬 상처를 외면하지 않고 응시할 수 있을 때 비로소 인간과 세상을 위한 문학이 나올 수 있겠지요. 그럴 때 존재의 아픔은 치유될 수 있으며, 과거와 현재의 고통을 넘어서 미래의 꿈을 꿀 수 있지 않을까요.

살아오면서 가슴을 도려내듯이 아팠던 일들, 그럴 때마다 하얀 종이 위에 한 자 한 자 아픔을 토해 내었습니다. 상처 입은 수많은 언어가 마음 깊은 곳에서 터져 나옵니다. 그 언어들을 모아 자신을 스스로 위로하고자 한 권의 책으로 엮었습니다. 우리는 사랑을 주고받으며 행복해지기를 바랍니다. 하지만 사랑한다고 해서 모두가 행복해지는 건 아닌가 봅니다. 사랑의 이면에는 이별이 있고 아픔이 있고 지독한 그리움도 있습니다. 오늘도 내 가슴속의 아픔과 그리움을 조금이나마 달래보고자 하얀 백지를 조금씩 채워갑니다.

모자라는 글 솜씨로 문학의 길에 들어선 지 십여 년의 세월이 흘렀습니다. 결코 짧지 않은 시간입니다. 가끔은 글을 쓴다는 것이 너무 힘들어 또 다른 상처를 받기도 했습니다. 글감이 말라버린 마음은 심한 가뭄을 맞은 들판같이 쩍쩍 갈라질 때도 있었지요. 하지만 가뭄을 극복하고자 노력했습니다. 말라가는 글밭에 물을 뿌리며 예쁜 꽃을 피워내는 꽃병 같은 존재이고 싶었습니다. 내 안에 들어오는 모든 언어를 예쁜 꽃으로 활짝 피워내는 맑고 투명한 그릇처럼, 늘 목마른 글이 물기를 머금고 촉촉한 작품으로 탄생하기를 바라며 열심히 물을 주었지요. 아프고 말라가는 내 마음이 다시 살아났습니다. 마음속에 담겨 있던 상처들이 언어를 만나 새로운 생기를 찾기 시작했습니다.

피어있는 꽃도 아름답지만, 피어나는 과정은 더 눈물겹고 아름답습니다. 책을 엮으면서 걸어온 십 년의 길을 되돌아보니 발자국마다 소담한 들꽃이 피어있습니다. 앞으로도 그 길을 따라 피어난 들꽃처럼 힘든 일도 잘 이겨내며 열심히 걸을 수 있길 소망해봅니다. 험난한 길을 포기하지 않고 헤쳐 나갈 수 있게 용기를 준 가족에게 고마움을 전합니다. 혼자 외로이 기야 할 길을 외롭지 않게 도와준 문우님들께도 감사드립니다. 익숙하지 않은 걸음을 바르게 걸을 수 있도록 인도하고 이끌어주신 허상문 교수님께 진심으로 감사드립니다.

2018년 가을

진해자

차례

2부

경계의 꽃

3부

아름다운 소통

4부

마지막 잎새처럼

1부

바람의 길목

와인잔에 빠진 달

오늘따라 풀벌레 소리가 더욱 유난하다. 풀벌레들이 만들어 내는 소리는 어떤 악기의 연주보다 아름답다. 얼마 전까지만 해도 열대야로 힘들었는데 오는 줄 모르게 찾아온 가을이 내심 반갑다.

어두운 방 안에 앉아 밖을 내다보고 있으니 풀벌레 소리가 자꾸 나를 불러낸다. 조용한 시골이라 소리는 더욱 선명하게 들린다. 문을 열고 베란다에 나갔다. 실내에서 듣던 소리와는 사뭇 다르다. 여기저기서 들려오는 미묘한 소리는 서로 혼합되어 흡사 거대한 오케스트라 연주회를 듣는 듯하다.

바람도 한몫한다. 살랑거리며 몸에 스치는 바람의 감촉이 실크 천을 휘감아 오는 듯 부드럽다. 실내에 머물기엔 이 밤이 너무 황홀하다. 투명한 와인잔에 레드와인을 따라 다시 밖으로 나갔다. 벤치에 앉아 풀벌레 소리를 들으며 와인을 한 모금 마신다.

하늘을 올려다본다. 속이 꽉 찬 둥근달이 풀벌레와 나를 환하게 비추어준다. 내 몸은 어느새 달빛에 흡수된다. 가끔 구름이 달을 가리면 사방은 어두워졌다가, 달이 구름 속에서 빠져나오면 세상은 다시 밝아졌다. 달빛이 비추어주는 조명에 따라 세상은 다른 모습으로 변한다. 멀리 서 있는 나무의 모습과 그림자만 보이는 산의 능선도 신비롭게 비친다. 시시각각 변하며 세상을 비추는 달의 모습이 새롭다. 달은 채우고 비우기를 반복하며, 빛에서 어둠으로 어둠에서 빛으로 나를 이끌어간다.

달은 쉬지 않고 흘러간다. 와인 한 모금을 입에 넣고 음미해본다. 붉은 액체가 목을 타고 들어가는 느낌이 짜릿하다. 몸속 깊이까지 파고드는 와인의 향기에 취한다. 풀벌레를 벗삼아 달빛을 안주 삼아 마시는 와인 맛은 감미롭다. 몸이 후끈 달아오른다. 때맞춰 나타난 구름이 둥근달을 살짝 가린다.

와인의 붉은색은 꿈 많던 젊은 시절을 생각나게 한다. 나는 여러 색깔 중에서도 유난히 붉은색을 좋아했다. 붉은 장미, 붉은 치마, 붉은 립스틱을 바라보면서 인생은 끝없는 희망과 사랑으로 이루어진 무지개와 같은 것으로 생각했다. 붉은 장미가 가득하던 학교 운동장을 뛰어다니며 소녀의 꿈도 활짝 피어나고 있었다.

붉음의 건너편에는 푸름이 있어 더욱 좋았다. 푸름은 붉음의 맞은편에 앉아 앞날에 대한 꿈과 이상을 조곤조곤 이야기해 주었다. 그렇지만 언제부터인가 붉은색은 상실과 아픔을 생각나게 했다. 눈 위에 슬프게 떨어진 붉은 동백, 병원에서 누군가의 생명을 위해 이루어지던 수혈, 꽃병에서 시든 채 탈색한 붉은 장미…. 나이가 들면서 붉은 색 위로 검은 색이 자꾸만 겹쳐진다. 붉은색은 슬픔으로 다가오며 검은색처럼 보였다. 「백설공주」에서 검은색 옷을 입은 마녀가 파란색 드레스를 입은 백설공주에게 붉은 사과를 건네주는 것을 보면서, 왜 마녀는 항상 검은 옷을 입고 있을까 하고 생각했다. 나는 어둠이 싫다.

어둠 속에서 흘러가던 달이 투명한 와인잔에 빠진다. 와인잔에는 붉은 와인이 있는 듯 없는 듯 조용히 차 있다. 잔에 빠진 달이 흔들대며 춤을 춘다. 붉은 와인이 노란 달빛과 섞여 기막힌 색채의 조화를 이루어낸다. 잔 안의 세상과 밖의 세상은 너무나 다른 모습이다. 한 조각 유리 사이에서 세상은 이렇게 다르다. 잔 안의 세계는 고요했지만, 잔 밖의 세계는 활기차게 움직이고 있었다.

언제나 나는 안의 세상에만 있었다. 협소한 삶의 공간, 아침 저녁으로 어쩔 수 없이 해야 하는 지루하고 잡다한 집안일, 사람과의 일상적 만남, 직장에서 늘 반복되는 업무는 나를 속박하고 좌절시켰다. 새장 속에 갇힌 새처럼 바깥세상을 늘 동경했다. 언제면 저 밖의 세상으로 마음대로 날아갈 수 있을까.

나는 안과 밖의 경계에서 서로 다른 세상을 바라보며 살고 있었다. 안과 밖으로 나누어진 삶은 결코 온전한 것일 수 없다는 생각이 들었다. 잔 안의 세상과 밖의 세상을 본다. 잔 안에 담긴 와인이 아무리 감미롭고 황홀해도 잔 밖의 달을 따라 어딘가로 흘러가고 싶다.

달은 빛의 세상과 어둠의 세상을 골고루 비춘다. 빛이 나타나면 어둠은 사라지고, 어둠은 빛이 된다. 빛과 어둠은 서로 기대어 산다. 빛이 스며드는 아침에는 희망이 떠오른다. 한때 내 인생은 희망과 축복으로 가득했다. 내 삶에서 정말 행복했던 시간은 어린 시절 정다운 친구들과 시골길을 뛰어다니며 놀던 때, 어머니의 품에 안겨 밤하늘의 별을 세던 때, 학창 시절 끝없는 바다를 바라보며 꿈을 키우던 때이다. 그 행복하던 시간으로 언제 다시 돌아갈 수 있을까.

어느새 달이 구름 속으로 숨어버렸다. 세상은 갑자기 깜깜해졌다. 나도 어두워지고 잔 속의 붉은 와인도 검게 변했다. 그러나 어둠을 거부하고 싶지는 않다. 세상에는 빛의 시간도 중요하지만, 어둠의 시간도 중요하다. 빛이 밝을수록 어둠은 짙어진다. 빛도 내가 만든 것이고 어둠도 내가 만든 것이다. 그렇지만 인생에서 빛의 시간에 비해 어둠의 시간은 때로 너무 길게 느껴진다.

잔 속의 달이 다시 밝아진다. 달은 아무리 기울어도 새롭게 떠오르듯이, 어둠의 시간도 언젠가는 밝아질 것이다. 삶이란 밝은 빛 속에서만 걷는 길이 아니라 어둠 속을 헤쳐나가는 과정이 아닐까. 어둠 속에도 길은 있다. 삶은 무수한 어둠 속에서 빛을 찾아가는 과정이며, 절망과 허무를 이겨내는 가운데 이루어지는 것이다.

몇 시간을 벤치에 앉아 있었더니 달도 저만치 멀어져 가고 있다. 와인잔에서 빠져나간 달이 저 멀리 달아난다. 달을 가득 담았던 와인잔을 들고 방으로 들어왔다. 열심히 연주하던 풀벌레들도 잠을 청하는지 조용하다. 쉬 잠이 오지 않는다. 와인잔에 빠졌던 달은 지금 어디쯤 가고 있을까.

잃어버린 테왁*

검푸른 바다 위에 빠르지도 느리지도 않은 움직임이 있다. 한순간 보였다가 사라지고 또 나타나기를 반복한다. 그때마다 들리는 '호잇' '호잇' 하는 소리가 신비롭다. 숨이 목까지 차올랐을 때 깊은 곳에서 토해져 나오는 생명의 소리다.

우연한 기회에 영화 「물숨」을 봤다. 제주 안의 섬 우도 해녀들의 바닷속 이야기를 칠 년간 밀착 취재한 다큐멘터리 영화이다. 오랫동안 제주에서 살아왔지만 바다에서 물질하는 모습은 늘 궁금했다. 영화를 통해 바라본 바닷속은 신비롭고 황홀하다. 산호초 사이를 고기 떼가 유유히 지나고 그 곁을 고무 옷을 입은 해녀가 헤엄친다.

---

* 해녀가 바다 작업을 할 때 사용하는 도구.

영상으로 보는 바닷속 모습은 신비롭고 아름답지만 그것이 전부가 아니다. 바다에는 또 다른 세계가 있다. 아름답게만 생각했던 바다는 이승과 저승의 경계로 갈라진다. 해녀가 숨이 한계에 달했을 때 물 위로 올라와 내뱉는 소리는 삶과 죽음의 세계를 한순간에 보여주는 듯하다. 삶의 세계는 이승과 저승, 땅과 바다, 생명과 죽음이 서로 마주 보며 서 있다. 그 경계를 넘나들면서 살아가야 하는 것이 해녀의 삶이다. 숨비소리는 지기 서러운 해가 되어 바다를 붉게 물들인다.

해녀는 살기 위해 숨을 멈춰야만 한다. 여인들은 바다로 출근하고 출근 시간은 바다가 정한다. 물때에 맞춰 작업 시간이 다르다. 계급도 있다. 상군 · 중군 · 하군이라 불리는 계급은 태어날 때부터 '숨'이 정한다. 숨의 길이에 따라 작업하는 바다 깊이가 달라진다. 수심이 깊을수록 해산물 채취량이 많고 수입도 늘어난다. 해녀들은 자기의 숨 길이를 누구보다 잘 알고 있다. 아무리 욕심내도 중군이나 하군이 상군이 될 수 없다는 것도 안다.

해녀라는 직업은 늘 위험이 따른다. 보험에 가입할 때도 직업을 해녀로 넣으면 대부분 거절된다. 그만큼 힘들고 아무나 할 수 있는 일이 아니다. 하지만 칠팔십이 넘은 할머니가 그 일을 하고 있다. 척박한 땅에 살다 보니 농사가 안 되어 글보다는 물질을 먼저 배웠다. 어린 나이에 시작한 물질을 놓지 못하고 바다에서 살다 바다로 돌아가는 해녀들이 많다. 살기 위해 숨을 멈춰야 하는데, 그 숨을 참지 못하고 물속에서 숨을 쉬는 순간 죽음이 찾아온다. 그 죽음이 물숨이다.

바다는 주인이 없다. 무욕의 공간인 동시에 욕망의 공간이다. 하지만 조금이라도 욕심을 갖는 순간 바다는 품을 내어주지 않는다. 태어날 때부터 정해진 숨을 인정하지 못하고 한계를 넘으면 바다는 곧 무덤이 된다.

한평생 물질하는 해녀에게 바다는 늘 고마우면서도 두려운 대상이다. 영화 「물숨」에서 백발의 할머니가 되뇌던 말이 서럽다. 다른 해녀들은 다 돌아왔는데 미역 하러 간 열여덟 살 된 딸은 어둠이 바다를 삼킬 때까지 끝내 나오지 않았다. 동료 해녀들이 미역을 제일 많이 했다며 곧 나올 거란 위로의 말도 밤새 파도에 쓸려 버렸다.

다음날, 걱정한 대로 우도에서 멀리 떨어진 하도리 바닷가에 테왁만 떠올랐다. 한순간에 딸을 바다에 묻은 어머니는 오랫동안 파도 소리를 들을 수 없었다. 바다를 쳐다볼 수도 없었다. 딸이 물질을 배운 게 자신의 죄인 양 숨죽여 흐르던 눈물이 허연 물결이 되어 출렁인다.

마음은 아프지만 배운 게 물질인데 바다를 놓을 수는 없다. 서럽게 맺힌 가슴을 풀어내는 건 물 힘이다. 바다에 몸을 맡겨 깊은 곳에 응어리진 한을 한 줌 꺼내어 본다. 저승이 가까워질 때까지 죽을힘을 다해 참았던 숨비소리로 속울음을 토해낸다.

해녀에게 바다는 곧 생존의 터전이다. 비가 오나 눈이 오나 바다만 허락하면 고무 옷 챙겨 입고 작업하러 간다. 먹고 살기 힘들었던 시절 하루 물질하면 하루의 생활이 해결된다. 논밭은 쉬엄쉬엄 갈 수도 있지만, 바다 밭은 아무리 몸이 괴로워도 쉴 수가 없다.

팔순이 넘은 시이모도 얼마 전까지 해녀였다. 어릴 적부터 심장이 좋지 않아 물질하면 안 된다고 했지만, 먹고 살기 위해 목숨을 걸고 바다를 택했다. 태어날 때부터 정해진다는 자신의 숨을 알기에 남들처럼 중군이나 상군은 못해도 나름대로 만족하였다.

작은 행복은 오래가지 않았다. 삼십 중반에 우뭇가사리를 채취하고 뭍으로 나오다가 갑자기 심장이 멎는 듯 숨을 쉴 수 없었다. 결국 시이모는 심장병으로 쓰러지고 말았다. 당장 수술을 해야 했지만 너무 가난해서 약에 의존하며 치료를 대신했다.

바다에 가지 않으면 생활이 어렵다는 걸 알면서도 어쩔 수 없이 물질을 놓았다.

그 후 칠 년이 지났다. 바다를 못 가니 집안 살림은 엉망이고 느는 건 빚뿐이었다. 빚 독촉에 시달리는 악몽 같은 나날이 계속되자 시이모는 바다가 그리워졌다. '이렇게 사느니 차라리 바다에서 물질이나 실컷 하다 죽는 게 낫다.'는 생각이 들었다. 칠 년을 꼭꼭 감춰두었던 고무 옷을 챙겨 입고 다시 바다로 갔다. 막혔던 심장이 탁 트이는 것 같았다. 바다가 있기에 해녀는 존재한다.

시이모는 바다에 들기 전 늘 다짐한다. 내 몸이 허락하는 만큼만 물질하고 더는 욕심내지 말자. 처음 물질을 배울 때 듣는 말이다. 그 약속을 지켰기에 몸이 안 좋아도 이제껏 물질할 수 있었던 건 아닐까. 이제 팔순이 넘었다. 관절염이 심해서 유모차에 의지하지 않으면 걷기도 힘들다. 심장이 많이 약해져 작은 욕심마저 내려놓았다. 파도가 유혹하고 숨비소리가 그리워도 고무 옷을 입을 수 없는 늙은 해녀는 낡은 테왁만 물끄러미 바라보며 혼자 되뇐다.

'내 생명이 끝나는 날 저 테왁도 사라질 것이다.'

기다리는 등대

오늘도 바다로 나가본다. 조개처럼 반짝이는 해변을 무작정 걷는다. 눈부신 햇살을 머금은 방파제와 그 너머 푸르고 넓은 바다가 어우러져 벗이 되어 주었다.

해변의 하얀 모래사장에 앉아 작고 자유로운 삶의 풍경을 잠시나마 느껴본다. 사람들은 부서지는 파도를 바라보거나, 카페에 앉아 바다를 보며 책을 읽고 담소를 나눈다. '하도리'라는 마을에는 이름처럼 제주의 동쪽 끝자락에 옹기종기 모여 사는 사람들의 작은 삶이 있다. 그들의 삶 옆에는 언제나 바다가 있다.

구름 한 점 없는 푸른 하늘과 끝없이 펼쳐진 바다, 끝없는 수평선 사이를 자유롭게 가로지르는 새들의 날갯짓은 가슴이 뻥 뚫릴 만큼 시원하다. 어디를 둘러보아도 주변은 온통 바다와 바람뿐이지만, 그 어디에도 같은 풍경은 없다. 여행자들은 쉴 새 없이 카메라 셔터를 누른다. 그들이 담는 풍경도 같은 것은 없을 거다.

땅과 바다가 만나는 풍경은 참으로 미묘하다. 모든 것이 시작되고 끝나는 곳의 풍경은 아득하고 쓸쓸하지만, 그곳에서는 어디론가 가고 싶어 하는 바다 동물들의 울음소리가 들린다. 끝과 시작의 경계는 항상 모호하다. 이곳 하도리의 농촌에 시집와서 생활한 지 30년이 가까워 오지만, 어디까지가 나의 삶이고 어디까지가 남의 삶인지 알 수 없다.

아침이면 일어나 창문을 열고 청소를 시작한다. 다가서는 하루를 시작하기 위해 이불을 개고 빗자루를 들고 여기저기를 청소한다. 밝고 깨끗한 공간을 마련하고 하루를 시작한다. 하루라는 시간의 광택을 위해서 청소는 시작된다. 그렇지만 그것은 시작이며 동시에 끝이다. 시작과 끝 사이에는 잠시 정지된 삶의 순간이 있을 뿐이다. 밤이 되면 하루의 삶의 끝이 온다. 하루 일과가 끝나고 잠자리로 들어가기 전에 여자는 또 빗자루질을 하고 걸레질을 한다. 이렇게 살아온 것이 몇십 년인가. 여자가 없었다면, 빗자루와 걸레질이 없었다면, 어떻게 하루하루가 이루어질 수 있었을까.

바다 저 멀리 잔잔한 물결 위로 연기를 뿜으며 고깃배가 지나가고 있다. 한없이 평온한 모습이다. 그렇지만 바다는 편하지 않다. 일을 끝내고 돌아오는 사나이들의 억센 팔에 안긴 물고기는 사로잡힌 신세에 분노하듯 몸부림친다. 봄이 가고 여름이 오는 동안 바다는 더욱 일렁이며 사람들의 몸과 마음을 적신다. 그 세월을 등대는 다 알고 있다.

바다에는 항상 파도가 철썩인다. 그렇지만 파도는 바다의 모습을 다 보지 못한다. 나도 바다의 겉모습만 볼 뿐 그 속을 보지 못한다. 내가 보는 것은 바다가 아니라 파도일 뿐이다. 모든 파도는 바다의 파도다. 파도는 바다를 굽이치며 출렁댄다.

밤에는 바다가 사라진다. 밤바다에는 파도도 없다. 바다라 여겼던 모습만 검게 누워 있고, 파도의 울음도 흐느낌으로 가라앉는다. 이제 밤바다는 침묵 속에 무기력한 바다가 되어버린다. 한낮의 생동도 모두 사라지고 숨을 죽이고 있다.

넓고 푸른 바다를 바라보며 정말 많은 꿈을 키웠다. 마음이 답답하면 언제든 달려가서 뒹굴던 바다, 한없이 너그럽게 포용해주던 바다였다. 이제 그 바다는 예전의 바다가 아니다. 모든 것을 빼앗겨버린 황량한 벌판 같다. 그래도 어머니 같은 저 바다를 영원히 버릴 수 없다.

봄이 지나면 활짝 피었던 꽃이 진다. 산다는 것이 한 철 피었다 지는 꽃처럼 허무한 것일까. 누구나 행복한 삶을 갈망하지만, 삶이란 게 뜻대로 되지 않는다. 행복이란 언제나 위태롭게 떨린다. 노인의 숨결같이 가늘게 떨리다가 결국 멈추게 된다. 슬픔과 불행은 겨울 바다의 파도처럼 다가온다. 안기지 못하고 서성이다 돌아서는 바다처럼 살아간다는 것은 수많은 시련과 갈등의 연속이다.

늘 꽃길만 걸을 수는 없다. 어느 날 가시밭길이 나타나도 당당히 헤치고 나갈 수 있는 삶의 자세가 필요하다. 어쩌면 시련은 인생을 다시 시작할 수 있게 하는 계기가 될 수도 있다. 봄이 오기 전이 가장 춥고 해뜨기 직전이 가장 어두운 법이다. 나를 이겨내야 세상을 이겨낼 수 있듯이, 삶이 가혹하면 할수록 인생이 단단해지고 더 나은 방향으로 나아가게 하는 힘이 된다.

생명이 있는 한 희망은 있다고 한다. 주위를 보면 기억 저편의 그리움을 가슴에 품고 속울음을 삼키며 살아가는 사람이 많다. 누군가 보고 싶은 마음을 참다 참다 끝내 뜬눈으로 지새우는 날이 많다. 다시 돌아갈 수 없는 시간을 먹먹한 마음으로 되뇌며 만질 수 없는 새벽 별을 멀리서 바라볼 뿐이다. 하지만 희망을 접으면 밝은 대낮도 캄캄할 것이고, 희망을 품으면 어두운 밤도 환할 것이다. 고통 속에서 살지라도 희망의 끈을 놓을 수는 없다.

세상에 영원한 것은 없다. 고통도 절망도 어두운 터널을 지나면 찬란한 빛이 보인다. 지금의 고통이 영원할 것 같지만 어디엔가 끝은 있다. 힘든 일을 겪어 본 사람은 안다. 아파서 말로 표현할 수 없는 것도 마음으로 공감할 수 있다. 이들은 서로의 아픔과 슬픔의 깊이를 알고, 흘린 눈물의 무게가 비슷한 사람들이다. 아픈 곳을 치유할 수 있는 특효약처럼 진정한 위로의 한마디가 슬픔에 조금이나마 위안이 되었으면 좋겠다.

사람들이 가슴마다 간직하고 있는 서러운 사연은 애달프다. 비가 부슬부슬 내리는 날 바닷가를 찾았을 때, 내리는 비를 맞으며 바다 위를 혼자 외로이 날아가는 새 한 마리를 본 적이 있다. 무슨 슬픈 사연이 있기에 저렇게 혼자서 비 내리는 바다 위를 날고 있을까. 외롭다는 건 아프다는 것이다. 혼자 날아가는 저 새의 아픔은 무엇이며 어디로 가고 있을까.

어둠의 바다를 지키는 등대에 기대어 섰다. 서쪽 하늘을 물들이는 노을을 바라본다. 하루를 찬란히 비췄을 뜨거운 태양이 제 갈 곳을 찾아가는 것처럼, 우리의 인생도 때가 되면 지고 말 것이다. 어둠이 오면 세상은 혼돈에 빠지고 사람들은 길을 잃는다. 하지만 저무는 생이 붉게 물든 아름다운 노을처럼 제 몫을 다했다면 그리 슬프지는 않겠다. 때로는 폭풍우에 시달리고 안개에 가려 한 치 앞도 못 보는 게 인생이다.

비바람이 몰아쳐도 흔들리지 않고 꿋꿋이 서서 바다를 지키는 등대처럼 의연해지고 싶다. 맑은 날은 맑은 날에 맞게, 흐린 날은 흐린 날에 맞춰 배의 길잡이가 되어주는 내 인생의 등대를 세우고 싶다. 흘러가버린 시간을 잊고 사는 듯해도 어딘가에 기억은 고스란히 남아 있다. 지워진 것 같아도 몸과 마음은 그 시간을 기억한다. 시간이 지날수록 빛바랜 기억이 되지 않게 등댓불을 항상 밝혀두고 싶다.

하루를 잘 살아내고 넘어가는 해가 오늘따라 유독 붉고 아름답다. 붉은 노을이 아름답게 보이는 건 내가 살아있기 때문이다. 생명이 있는 한 희망은 있다는 말이 이 순간 소중하게 와 닿는다. 나는 바다로 간다. 지나간 시간을 기억하며, 오지 않을 사람을 기다리며, 목숨 걸고 꽃피우던 나날을 바라본다. 사람, 시간, 언어, 그 사이에 기대서서 죽어도 좋겠다. 저 기다리는 등대처럼.

갈등의 숲

올레길 걷기 계획이 잡혔다. 제주에 살면서도 여간한 마음을 먹지 않으면 구석구석 탐방하는 게 쉬운 일은 아니다. 친목이나 단체의 힘을 빌려야 가능한 일들이 많은 관계로 뜻 맞는 농촌 여인네 몇 사람이 올레길 친목을 만들었다.

서쪽에 있는 '환상의 숲'에 가기로 의견을 모았다. 여덟 명이 대형버스 한 대를 빌리고 출발하는데 기사님이 어이가 없는지 웃음을 참지 못한다. 하긴 내가 봐도 우습다. 여덟 명이 버스 한 대를 빌리니 웃을 만하다.

그렇게 시작된 올레길 나들이다. 환상의 숲 입구에 다다르니 삼삼오오 모여 인증샷 남기기에 분주하다. 오월의 햇살이 부서지는 아래 마음 맞는 사람끼리 함께한다는 것은 별일 아닌 것도 특별함으로 다가온다.

사람이 숲을 찾는 이유는 좋은 공기를 마시며 지친 몸과 마음을 쉬기 위함이다. 숲은 그 자체가 휴식처다. 숲지기의 해설을 들으며 조금 들어가니 '갈등의 길'이란 팻말이 보인다. 편안함을 주는 숲에 웬 갈등의 길인지 고개가 갸웃해진다. 해설사가 질문한다. "갈등이 왜 갈등인지 아세요?" 갑자기 받은 질문에 더 혼란스럽다.

평소에 알고 있는 '갈등'이란 단어는 결코 좋은 뜻으로 쓰이진 않는다. 의견이 충돌하거나 목표나 이해관계가 달라 서로 대립하는 현상이 갈등이다. 숲지기가 옆에 있는 나무를 가리킨다. 그 나무에는 덩굴나무가 칭칭 감겨있다. 평소에 아무 생각 없이 보아 넘기는 풍경이다. 이어지는 숲지기의 해설에 귀가 번쩍 뜨인다.

칡을 뜻하는 갈葛과 등나무를 뜻하는 등藤이 합쳐져 '갈등'이란다. 칡은 왼쪽으로 등나무는 오른쪽으로 감아 도는 습성이 있다. 이런 습성 때문에 한 나무를 휘감다 보면 서로 얽혀 복잡한 모양이 될 뿐 아니라 생장에도 지장이 있다고 한다. 칡과 등나무는 그저 감아 오르는 습성만 있는 줄 알았는데 이런 규칙이 있음에 적잖이 놀랐다. 숲지기의 말을 들으며 나도 모르게 고개가 끄덕여진다.

숲에서 큰 진리를 얻는다. 사람의 관계에서 얼마나 많은 갈등이 일어나는가. 조그만 불씨를 미리 끄지 못해 산 전체를 태워버리는 것처럼 마음에서 비롯된 아주 작은 갈등이 더는 회복할 수 없는 관계를 만든다. 그 관계로 인해 가정과 직장에서 불행한 시간을 보내야 한다. 갈등은 누구에게나 언제든지 생길 수 있다. 중요한 것은 갈등을 해결하기 위해 서로 노력하고 대화하고 이해하며 고민해야 한다는 것이다. 나는 잘못이 없고 상대방 때문이라는 생각을 조금이나마 한다면 갈등은 점점 깊어질 수밖에 없다.

우리 사회에서도 사람들 사이의 갈등은 갈수록 심해져 가고 있다. 층간 소음과 주차 문제 등 사소한 이웃 간의 갈등은 현대인들의 심각한 사회적 문제로 등장하고 있다. 최근 「언더 더 트리」라는 영화를 본 적이 있다.

영화 「언더 더 트리」는 나무 하나 때문에 이웃 간에 갈등이 시작되고 결국 돌이킬 수 없는 끔찍한 사건으로 발전한다는 내용이다. 이 영화의 공개된 포스터에는 나무 하나로 시작된 두 집안의 갈등을 잘 표현해주고 있다. 커다란 나무를 배경으로 서 있는 사람들과 고양이 한 마리가 호기심을 불러일으킨다.

영화에서는 자신의 집 뒤뜰에서 일광욕하던 한 여자가 옆집의 나무가 만들어낸 그림자 때문에 일광욕을 방해한다며 감정싸움을 시작하다가 급기야 고양이가 없어지는 등 막장 싸움으로 번진다. 나무 한 그루 때문에 시작된 이웃 간의 갈등의 끝은 과연 어디까지일까. 코믹 스릴러로 전개된 이 영화는 전 세계의 여러 영화제에 초청되어 많은 상을 받은 화제작이다. 그만큼 사람과 공동체 사이에서 '갈등'은 피할 수 없는 중요한 과제임이 틀림없다.

갈등의 문제는 가정 내에서도 마찬가지다. 부부간 혹은 자녀와의 관계에서도 갈등이 생겼을 때 외면해버리거나 무시해 버리면 골은 더 깊어지고 마음의 문을 꼭 닫아 버린다. 숲이 묵묵히 그 자리를 지키며 아프고 힘든 몸을 추스를 수 있게 품을 내어주는 것처럼, 가끔은 문을 열어두고 조용히 기다려주는 것도 필요하다. 서먹하고 어색하지만 먼저 손을 내밀 수 있는 용기를 가져도 좋겠다.

닫힌 문이 녹슬기 전에 서로의 잘못을 인정하고 받아들이면서 긍정적인 감정이 채워질 수 있게 자주자주 기름칠해야 한다. 주위에서도 가장 사랑하고 가까워야 할 가족끼리 등 돌리고 심지어 부모님이 돌아가셔도 장례식에 참석하지 않는 경우를 여러 번 보았다. 얼마나 슬픈 현실인가. 결코 긴 인생이 아닌데 미워하며 살아가는 시간이 너무나 안타깝다.

하나의 둥지를 타고 올라 얽히고설켜 갈등상태에 놓인 칡과 등나무의 경쟁은 그 나무가 고사한 후에야 끝난다. 숨 쉴 틈을 주지 않고 각자 이익만을 채우며 빼곡히 얽혀 생을 마감하는 칡과 등나무를 보라. 그들의 생존경쟁의 끝은 잔혹하다. 조금씩 양보하고 서로에게 공간을 내주어 공생하며 살아가는 숲의 넉넉함은 아름답기 그지없다.

아침에 집을 나서며 사소한 일로 감정 상한 일이 있었다. 숲을 거니는 동안 상대의 마음을 헤아리고 내 기분을 다독이니 우울했던 감정의 온도가 상승함을 느낀다. 모든 것은 생각하기 나름이다. '세상에서 가장 따스한 이불은 상대의 허물을 덮어주는 당신의 마음'이란 글귀가 떠오른다.

3%의 소금으로 인해 썩지 않는 바다처럼, 나도 상대의 허물을 덮어주는 마음의 이불이 되고 싶다. 숲을 빠져나오니 칡과 등나무처럼 얽혀있던 머릿속이 스르르 풀린다. 내 주변과 이 세상의 모든 갈등이 깔끔히 풀리는 날은 언제면 올 수 있을까.

양지공원 가는 길

"양지공원을 아세요?" 제주의 자연 풍광과 사투리가 좋다며 제주에 정착한 지 얼마 되지 않은 지인이 물었다. 갑작스러운 질문에 애매한 미소만 짓다 지인에게 답해주었다. "글쎄요, 여느 공원처럼 맑은 공기 마시며 산책하고 여유롭게 데이트도 할 수 있는 곳이 아닐까요."

차를 타고 지나는 길에 '양지공원'이란 이정표가 보여도 저 공원이 여느 공원과 다름없는 곳일 거라고 생각했다. 양지의 뜻이 '볕이 잘 드는 땅'이라는 의미를 지닌 공원이어서 언젠가는 꼭 한 번 가봐야겠다고 마음먹었었다.

삼 년 전이다. 눈이 펄펄 내리는 날, 가족의 장례식이 있어 양지공원을 찾게 되었다. 오가며 이름만 들었을 때는 한 번쯤

들르고 싶을 정도로 밝고 아름다운 공원일 거라 상상하던 곳이다. 하지만 상상과는 너무나 달리 아픔과 슬픔과 추억과 그리움이 한 줌의 재가 되어 묻히는 장소였다. 그곳에 세상에서 가장 사랑하는 아이를 남겨두고 왔다.

이름이 예쁜 양지공원과의 슬픈 인연은 그렇게 시작됐다. 아이는 절규하는 엄마를 외면한 채 지상의 모든 인연을 다 버리고 떠나 버렸다. 어린 자식의 죽음 앞에서는 살아있다는 것이 아무런 의미가 없다. 죽음은 모든 것을 아득하게 침잠시켰다. 얼마 전까지 함께하던 가족이었는데, 불과 몇 시간 만에 영원한 이별을 하였다. 살아있다는 것이 곧 죽음이라 하지만, 사랑하는 가족을 한순간에 잃는다는 건 견딜 수 없는 고통이다.

아이를 떠나보내는 날 흰 눈이 펄펄 날렸다. 얼어붙은 몸과 함께 마음도 온기를 잃었다. 저 눈처럼 몸과 마음을 다 털어버리고 아이와 함께 훨훨 날아가 버리고 싶다. 하얀 강보에 싸여 우리에게 왔던 아이는 다시 하얀 강보에 싸여 떠났다. 하얗게 쌓인 눈 위에 까마귀 떼는 왜 그렇게 많은지, 까악 거리는 소리만 들어도 저승사자가 어린 영혼을 데리러 온 것 같아 소름이 돋았다.

주말마다 공원을 찾는다. 계절과 관계 없이 까마귀 떼는 여전히 공원 주위를 떠나지 않는다. 저승사자의 호위무사라도 되는 것처럼 양지공원 근처를 무리 지어 지키고 있다. 납골당 안으로 들어섰다. 추모의 방마다 칸칸이 놓여있는 유골함이 싸늘하다. 한 칸 한 칸을 찬찬히 돌아본다. 영정과 함께 태어난 날과 이승의 마지막 날이 적혀있다. 가만히 숫자를 헤아려본다. 한 자리에서 세 자리의 숫자까지 제각각의 삶이 함축되어 있다. 세상에 태어나 너무 일찍 생을 마감한 아이의 사진 앞에서 걸음이 멈춘다. 엄마 품에 안겨 활짝 웃는 모습이 더 애처롭다. 갓 여문 꽃봉오리가 피어보지도 못하고 별이 되었다.

무슨 말이 필요할까. 울컥울컥 치미는 그리움을 가슴속으로 꾹꾹 눌러 담는다. 피어보지 못한 꽃봉오리를 잃은 부모의 가슴은 꽃이 떨어진 그 자리에 피멍이 맺혔다. 한참을 서 있자니 영혼들이 다 풀어내지 못한 한을 토해내는 것 같다. 적막한 납골당에 넋들의 싸늘한 울림이 가득하다.

시간이 정지된 듯 한참을 머문다. 저마다의 사연이 있겠지만, 영정 앞에 놓인 조그만 쪽지에는 그들만의 절절한 마음이 담겨 있다. 불러도 대답 없는 영혼의 울림이 공허하게 가슴을 파고든다. 갓난쟁이를 안고 있는 엄마의 모습은 차마 쳐다볼 수가 없다. 어린아이를 두고 눈을 감아야 하는 심정은 어떠했을까. 엄마의 품이 그리운 아이가 이 험난한 세상을 어떻게 살아낼지 아득하다.

삶과 죽음의 경계는 과연 무엇일까. 언젠가 다큐멘터리에서 수십 마리의 누 떼가 목숨을 담보로 케냐의 마라강을 건너는 장면을 보았다. 강에는 누를 잡아먹기 위해 악어가 득실거렸다. 누에게 있어 마라강은 삶과 죽음의 경계다. 그 경계를 넘지 못하면 다시는 돌아올 수 없고 볼 수도 없다.

남아있는 가족의 아픔을 대신해 줄 그 무엇도 존재하지 않는다. 수많은 영혼의 넋두리를 뒤로하고 밖으로 나왔다. 양지공원에 처음 왔을 때와 같이 하얀 눈이 펄펄 내리고 있다. 땅 위에 살포시 내려앉자마자 스르르 녹는 눈을 보니 사라져간 이들의 눈물 같다. 하늘에서 내릴 때만 해도 형체가 있는데 땅 위에 닿는 순간 없어져 버린다. 형체의 있음과 없음이 순간에 바뀌고 만다.

양지공원에 자주 다니다 보니 까마귀 떼도 반갑고 친숙하다. 굵직한 목소리로 까악거리는 소리를 들으니 다시는 오지 못할 먼 길을 떠나는 영혼을 위로해주는 진혼곡처럼 들린다. 처음에는 낯설고 무서웠던 양지공원이라 혼자 가는 것은 상상도 못했다. 이제는 추모 방에 안치된 유골함을 볼 때마다 다 풀어내지 못하고 눈을 감은 이의 넋두리를 들어주고 오는 것 같아 마음이 편안해진다.

삶 안에 죽음이 있고 죽음 안에 삶이 깃들어있다는 말이 점점 실감 난다. 무섭고 두렵게만 느껴지던 죽음이 삶과 하나인 듯 여겨진다. 영정 앞에 놓인 망자의 이름과 살다 간 시간의 기록은 모두 다르다. 그들을 보며 넋두리처럼 하는 말이 한 시절 왔다가 외롭게 떠난 고인에게 전해지길 바란다.

잠시 그친 눈발이 다시 쏟아질 기세다. 한낮인데 어둑해지는 하늘이 심상치 않다. 오랜만에 자동차를 이용하지 않고 양지공원을 천천히 걸었다. 길섶에는 눈이 많이 쌓여있고 차마 지지 못한 흰 국화꽃이 애절하게 피어있다. 등 뒤로 싸늘한 바람이 몸속으로 파고든다. 한겨울 찬바람이 휘몰아치지만, 양지공원에 안치된 아이의 기운이 내 마음에 들어와 포근하게 감싸준다.

바람의 길목

용눈이오름을 올랐다. 나무 한 그루 없는 오름의 바람은 모든 것을 날려 버릴 듯이 불어온다. 정상에서 매섭게 불어오는 바람을 온몸으로 맞고 서 있다. 능선과 능선 사이를 쉼 없이 넘나들며 바람은 무엇을 말하고 싶은 것일까.

정상에서 바라보면 마을이 있고 점점이 집이 보인다. 겉으로 드러나지 않는 아픔과 사연을 안고 사람들은 하루하루 힘겹게 살아간다. 바람은 마을과 집 사이를 자유롭게 오가며 보이지 않는 마음속 응어리를 끄집어낸다. 지독한 그리움을 저세상 누군가에게 전할 수 있는 것이 바람이라면, 그곳이 어디든 따라가고 싶다.

떠나간 이와 남겨진 이를 연결해주는 전화가 있다. 일본 이와 테현 가마이시시에서 멀지 않은 곳에 검은색 전화기가 한 대 놓여있다. 사람들은 이 전화기를 '바람의 전화'라 부른다. 가족이나 친구, 사랑하는 이를 잃어버린 후 상심에 빠진 사람은 이 곳을 찾아와 천국의 번호를 소리 없이 누른다. 하고 싶은 마음속 이야기는 전화기 저편에서 대답 없는 메아리가 된다. 메아리는 바람을 타고 저 멀리 퍼져 그리운 이에게 마음을 전해준다.

가슴속에 쌓인 응어리를 바람을 통해 보내야 한다는 사실은 슬픈 일이다. 사람들은 아픔이나 슬픔은 잘 드러내려 하지 않는다. 속으로만 꼭꼭 숨기다가 더 큰 아픔이 되고 상처가 된다. 하지만 바람의 전화처럼 응어리를 풀어내고, 그 응어리를 바람을 통해 날려 보낼 수 있다는 건 아픈 곳이 곪지 않게 약을 바르고 치료하는 효과를 가진다.

한 평도 안 되는 공간의 전화 부스에 들어가 전화기를 들고 언덕 저편에 있는 그리운 이와 통화를 한다. 그 내용을 전할 수 있는 것은 바람뿐이다. 바람은 형체가 없다. 그러기에 어디든 갈 수 있다. '바람의 전화'를 이용해본 사람은 통화 내용이 그대로 전해지는 것처럼 느껴진다고 한다.

나에게도 이런 전화가 있으면 좋겠다. 가족이나 친한 친구에게도 다 풀어내지 못하는 응어리를 마음껏 풀어낼 수 있는 곳이 있다면 얼마나 좋을까. 한 맺힌 목소리가 바람에 실려 하늘 끝까지 전해지면 그 바람은 다시 메아리가 되어 나에게로 돌아오겠지.

제주에는 어디서나 지독한 바람이 분다. 360여 개 오름 중에서 내가 자주 오르는 용눈이오름은 오늘도 바람이 거세다. 저 바람을 바라보며 사라져간 사람을 생각해 본다. 바람과 함께 사라져간 사람이 한둘이 아니다. 사진가 김영갑은 쉼 없이 부는 바람을 한 장의 영상으로 남기기 위해 몸부림치다 바람과 함께 사라져갔다.

정녕 바람과 함께 사라진 것은 무엇이고 남은 것은 무엇일까. 육체는 다하여 이 세상에서 영원히 사라지지만, 영혼은 우리 기억에 남아있다. 예술가의 육체는 사라지고 없지만, 작품에 대한 열정과 정신은 늘 살아 숨쉰다. 그러니 사랑하는 사람과의 영원한 이별을 너무 슬퍼하지 말자. 지금 내 곁에 없다 하여 없는 것이 아니다. 마음속에 같이했던 시간과 추억은 오롯이 살아 숨쉬고 있다.

나는 언제나 바람의 길목에 서 있었다. 멈출 듯하면서 다시 불어오는 지독한 바람이 정신없이 몰아쳐 올 때는 손 놓고 바라볼 수밖에 없었다. 간혹 바람은 인생의 운명과도 같다는 생각이 든다. 내 힘으로 도저히 견뎌낼 수 없는 거센 비바람이 몰아치면, 인생을 포기하고 싶다는 생각이 한두 번이 아니었다. 그러나 태풍같이 몰려오는 바람도 운명으로 받아들이니 어느 순간 내 몸 안에서 고요해진다. 아무리 고통스러워도 바람은 언젠가 잦아든다. 바람 소리에 집중하며 외롭다는 생각과 슬픈 감정을 조금씩 덜어낸다. 바람의 길목에 서서 어지럽고 부질없는 잡념을 날려버린다.

힘들고 어려운 고비를 넘기고 중년의 나이를 맞았다. 많은 사람이 자신에게 몰아쳐 오는 바람을 이겨내지 못하고 휩쓸려 가버리거나 사라져 버리지 않았던가. 나 역시 바람을 마주하며 서 있었다. 텅 빈 들판에는 오직 바람과 나뿐이었다. 아프고 힘든 현실에 때로는 좌절도 하고 원망도 했다. 세상의 모든 아픔을 혼자 짊어진 것처럼 쉬지 않고 걸어가도 돌아보면 또 그 자리였다. 하지만 시간은 계속 흐르고 거칠게 불던 바람도 어느 순간 고요해지더니 시나브로 아픈 자리가 아물어 간다.

바람에 마음을 맡기고 새봄이 오기를 기다린다. 아무리 춥고 황량한 바람이 불어대는 겨울도 봄이 오면 사라질 것이고 새 생명이 움튼다. 아픔이 크고 상처가 남아도 마음을 헤집고 흔들던 바람은 기어이 지나간다. 흐드러지게 핀 꽃잎이 다 떨어져도 시간이 지나면 다시 피어오르듯이, 남은 인생에 어떤 만남과 일이 기다리고 있을까.

가버린 시간은 되돌릴 수 없다. 지나간 날은 과거로 묻어두자. 바람에 몸을 맡겨 자유로이 떠돌다 어느 길목에서 나를 흔들고 지나갔던 인연을 만나거든 그때 다시 꽃을 피우자. 바람은 다정한 벗이었고, 동시에 나를 할퀴던 무서운 적이었다. 바람은 좋은 것만 내주지는 않는다. 순하게 불다가도 어느 순간 사정없이 휘몰아치면 마음과 정신이 혼미해진다. 하지만 잔잔한 바다에서는 유능한 뱃사공이 나오지 않는다. 매서운 바람이 있었기에 흔들리면서도 다시 일어서는 용기를 얻었고 내면에 더 튼튼하게 뿌리를 내릴 수 있었다.

바람 부는 오름에 섰다. 바람이 멈추지 않는 오름의 길목은 아름답다. 나무 하나 없는 오름에 의지할 것 없이 꺾이고 부러지며 제자리를 지키고 있는 작은 풀이 대견하다. 여리고 작은 풀도 거센 바람을 견뎌낸다. 바람이 아무리 거칠고 힘들어도 언젠가는 훈풍이 불어오겠지. 나는 오늘도 따뜻한 봄날의 바람을 기다리며 그 길목에 서 있다.

아기 갈매기의 비상

좋은 글을 쓰기 위해 요구되는 중요한 것이 독서라 했다. 반드시 글을 쓰기 위한 목적이 아니더라도 독서는 우리가 살아가는 데 있어서 꼭 필요한 요소이다. 요즘처럼 무더운 날, 책을 읽으며 더위도 식히면 어떨까 싶어 아이와 함께 도서관을 찾았다. 수많은 책 중에서 읽을 책을 선택하기가 쉽지 않다. 엄마의 마음을 아는지 아이가 책 한 권을 쑥 내민다. 칠레 출신 작가 루이스 세뿔베다가 쓴 『갈매기에게 나는 법을 가르쳐준 고양이』라는 제목을 보는 순간 책장을 넘기지 않을 수 없었다.

갈매기와 고양이의 만남은 경이로웠다. 바다에 유출된 끈적끈적한 기름을 뒤집어쓴 채 죽어가는 갈매기 켕가는 마지막 힘을 다해 날갯짓한다. 더는 날 수 없는 켕가는 곤두박질치며 고양이가 살고 있는 발코니에 떨어지고 말았다. 깜짝 놀란 고양이 소르바스에게 켕가는 자신의 어려운 처지를 털어놓으며 세 가지 부탁을 한다. 죽을힘을 다해 알을 낳을 테니 먹지 않기, 알에서 새끼가 태어날 때까지 보호해 주기, 새끼에게 나는 법을 가르쳐주기를 부탁하면서 마지막 숨을 거두었다.

켕가의 죽음은 큰 충격이었다. 갈매기는 푸른 하늘을 자유롭게 날다가 지치고 배고프면 바다에 잠수하여 물고기를 잡아먹고 다시 날아간다. 하지만 켕가는 검은 기름이 몰려오는 줄도 모르고 허기진 배를 채우다 봉변을 당했다. 검은 기름을 뒤집어쓴 채 푸른 하늘을 활공하던 시절을 생각하며 목숨을 잃고 말았다.

바다는 대가 없이 베풀기만 한다. 받을 줄만 알고 베풀 줄 모르는 인간의 이기심이 바다를 망치고 있다. 인간은 바다가 내어주는 양식을 먹으며 고마운 마음을 갖기는커녕 온갖 쓰레기와 폐유를 무자비하게 버린다. 이로 인해 바다는 심각하게 오염되고 조금씩 죽어가고 있다. 우리나라도 2007년 태안반도 기름 유출사건이 있었다. 양식장과 어장에 큰 피해가 발생하고 바닷새는 켕가처럼 죽어갔다. 바닷새가 죽어가듯 어부의 삶도 희망에서 절망으로 바뀌었다. 바다 오염은 바다에 서식하는 생명에만 국한된 것이 아니라, 인간의 생명과도 직결된다는 것을 알면서도 이를 간과한다. 인간의 실수와 무지가 자연을 파괴하고 생명을 위협한다는 사실이 안타깝다.

켕가의 죽음과 함께 세 가지 약속을 하게 된 소르바스는 생각한다. 내가 아닌 다른 존재를 인정하고 사랑할 수 있을까. 고양이가 갈매기를 기른다는 것은 그만큼의 노력과 용기가 필요하다. 소르바스는 켕가와의 약속을 하나하나 지켰다. 알을 품고 부화하기까지 20여 일이 걸렸다. 결코 쉽지 않은 시간이었다. 도둑고양이의 공격도 막아내고 사람의 눈도 속이면서 오로지 갈매기와의 약속을 지키기 위해 긴 시간을 버텨왔다. 약속을 지킨다는 건 믿음으로 이어지는 하나의 끈이다. 그 끈을 놓지 않고 새 생명을 탄생시켰다. 새 생명의 이름은 '아포르뚜나다'로 지었다.

서로 다른 존재를 보살피고 기르는 과정에서 많은 시행착오를 거듭했다. 고양이와 삶의 환경이 다른 갈매기에게 나는 법을 가르친다는 건 보통 일이 아니었다. 고양이들이 머리를 맞대어 의논하고 백과사전을 들춰가며 방법을 찾았지만 쉽지 않았다.

새 생명으로 탄생한 아포르뚜나다는 왜 힘들게 날아야 하는지 이유를 알지 못했다. 하지만 소르바스의 끈질긴 설득과 노력에 힘입어 날아 보기로 한다. 서로 다름을 인정하고 아기 갈매기를 끝까지 설득하는 모습이 부모가 자식을 보듬고 보살피는 과정 같아 눈물겨웠다.

자기 새끼도 아닌데 약속을 지킨다는 이유로 끝까지 책임지고 보살핀다는 것은 얼마나 아름다운 일인가. 인간 세상에서는 인종차별 문제로 사건 사고가 자주 일어난다. 단지 피부색이 다르다는 이유로 끔찍한 살인까지 저지른다. 다름을 인정하지 못한 데서 일어나는 비극이다. 이에 반해 고양이와 갈매기가 서로 의지하며 살아가는 과정은 이 시대를 살아가는 인간에게 강한 메시지를 던져준다.

비바람이 몹시 부는 날이다. 마침내 날기를 결심한 아기 갈매기가 함부르크의 산 미겔 성당 종루에 올라서자 두려움이 더욱 엄습해왔다. "아포르뚜나다, 너는 틀림없이 날 수 있어. 숨을 크게 쉬어라. 빗물을 몸으로 느껴봐. 그냥 물이란다. 너는 살아가면서 많은 것들 때문에 행복을 느낄 수 있어. 어떤 때는 물이, 또 어떤 때는 태양이 행복이 될 수 있단다. 이 모든 것들은 비가 내린 다음에 찾아오는 거야. 일종의 보상처럼 말이야. 자, 이제 비를 온몸으로 느껴봐. 날개를 쫙 펴고서 말이야."라고 소르바스가 말했다.

진심 어린 격려에 아포르뚜나다는 움츠렸던 날개를 힘차게 펼쳤다. 아기 갈매기와 엄마 고양이의 믿음이 없으면 결코 이루지 못했을 일이다. 엄마 고양이를 신뢰하는 마음이 아기 갈매기의 날개를 펼치게 했다. 부모와 자식 간에도 서로 믿고 사랑하는 마음이 없으면 가족의 울타리를 온전히 지켜내지 못할 것이다. 하나의 인격으로 존중해주고 아이가 스스로 할 수 있게 조용히 뒷받침해주는 것이 무엇보다 중요하다. 무수한 실패 끝에 창공을 날아오르는 아포르뚜나다를 보면서 "오직 날려고 노력하는 자만이 날 수 있다."는 말을 되새겨본다.

비가 내리고 그 비를 흠뻑 맞은 후에 찾아오는 물과 바람과 태양이 더욱 소중하다는 것을 알게 된 아포르뚜나다는 결심했다. 비바람을 피하기보다는 오롯이 느끼며 두렵고 무서운 세상을 향해 날개를 활짝 펴고 날았다. 비바람이 몰아치는 밤하늘을 세차게 가르며 앞으로 맞이할 세상을 향해 힘찬 날갯짓을 한다.

아기 갈매기가 날아가는 모습을 보며 소르바스의 눈가에는 눈물과 빗물이 하염없이 흐른다. 고양이가 아무리 노력을 해도 갈매기 대신 날아 줄 수는 없다. 난다는 것은 오로지 아기 갈매기의 몫이기에 용기와 희망을 심어주며 인내심을 갖고 기다렸다.

나는 아이들을 위해 얼마나 기다려주고 있는가? 우리 아이들도 아기갈매기처럼 두려움을 이기고 세상을 향해 날개를 활짝 펴고 비상하는 날이 오기를 기대해본다.

잠시 머무는 바람

한 해의 끝자락이다. 문밖 화분에 심겨진 몇 송이 안 되는 국화꽃이 늦가을 비에 덧입혀진 채 추위에 떨고 있다. 모두가 떠나버릴 것만 같은 이 가을에, 어디서 왔는지 모르듯 갈 곳도 알 수 없는 바람이 문을 두드린다. 혼자 있고 싶었지만, 살그머니 문을 여니 바람이 안으로 들어와 마음속 생각을 잔잔히 끄집어 놓는다.

'마지막'이라는 단어는 언제나 나를 슬프게 한다. 시작이 끝이고 끝이 곧 시작이다. 어머니와의 마지막은 영원한 이별이 되어버렸다. 부모는 자식의 처음을 열어주고, 자식은 부모의 끝을 돌봐드려야 한다. 하지만 마지막 가는 길에 손 한번 잡아 드리지 못한 어머니가 못내 그립고 죄송하다. 늘 함께일 것 같았는데 이별은 소리 없이 우리에게 찾아왔다.

언제부턴가 나에게 주어진 시간이 너무나 소중하게 느껴진다. 아무렇지 않게 생각하던 주위의 모든 것이 새롭고 진지하다. 사랑하는 가족, 꽃과 바람, 소중한 공기의 존재조차 함부로 할 수 없다. 삶이 영원할 것 같지만 준비되지 못한 상태로 이별은 늘 가까이 있다.

며칠 전, 친하게 지내는 언니의 부음이 들려왔다. 사우나에서 만났을 때 요즘 들어 사는 게 너무 행복하다며 연신 웃어대던 언니다. 어느 모임에 갔다가 갑자기 쓰러져 구급차를 부르고 병원으로 가던 중 심장마비로 생을 마감했다. 한 치 앞도 모르는 게 우리의 삶이다. 예고 없이 찾아오는 이별을 준비하는 것도 인생을 살아가는 하나의 방법이 아닐까. 어찌 보면 산다는 게 참 허무하다. 바동거리며 악착같이 살아도 어느 순간 생이 다할지 모르는 삶을 우리는 살고 있다. 하기야 다가올 일을 미리 안다면 사는 의미도 없을 뿐 아니라 재미도 희망도 없을 것이다.

그리스 신화에 판도라의 상자 이야기가 나온다. 제우스가 절대 열어보지 말라며 판도라에게 상자를 건네준다. 하지만 호기심이 많은 판도라는 궁금증을 참지 못하고 상자를 열고 만다. 상자를 여는 순간 온갖 욕심, 질투, 질병 등 재앙과 제악이 상자에서 빠져나온다. 다 나오다가 한 가지 나오지 못한 게 있다. 결국 상자 안에는 '희망'만이 남는다. 우리가 살아가는 이유가 여기에 있다. 희망이 있기에 힘들어도 견디고 불투명한 미래를 사는지 모른다.

불현듯 스웨덴 공동묘지 입구에 쓰여 있다는 '오늘은 나, 내일은 너'라는 문구가 생각난다. 인간은 누구나 죽을 수밖에 없는 존재다. 누구나 죽지만 어떻게 죽느냐가 더 중요하다. 하루하루를 후회 없이 최선을 다해서 살아가는 삶이야말로 죽음에 대한 현명한 준비가 아닐까. 사람은 태어나면서 주위의 사랑과 관심을 한몸에 받는다. 평생 인생의 계획을 세우며 살아간다. 그러나 죽음에 대해서는 너무나 무관심하다. 죽음과 상관없는 듯 살다가 어느 순간 죽음을 맞이하게 되면 그때야 미처 준비하지 못한 죽음에 대해 후회한다.

잘사는 것도 중요하지만, 그에 못지않게 잘 죽는 것도 중요하다. 우리는 매일 잠을 잔다. 편안한 잠자리를 위해서 자리를 펴고 주위 사람과 인사를 한 후 하루의 일을 정리한다. 잠자고 일어나면 새로운 하루가 시작되듯, 죽음도 인생의 끝이 아니라고 생각하자. 하루를 마감하며 내일을 준비하듯, 편안한 죽음을 맞기 위해서 주변을 잘 정리하는 것은 중요하다. 이웃과의 작별 인사를 잘해두고, 내가 사용하던 물건을 잘 정돈해두고, 마음도 정갈하게 가꾸어 둔다면, 죽음도 자연스럽고 편안한 잠자리가 될 것이다.

살고 싶다고 해서 살 수 있는 것도 아니고, 죽고 싶다고 해서 마음대로 생을 놓을 수도 없다. 지병이나 사고로 어쩔 수 없이 생을 마감하는 일은 참으로 안타까운 일이다. 가족과의 이별은 상상할 수 없는 일이고, 더 오랫동안 살고 싶지만, 원치 않게 저세상으로 떠나가야 한다. 그에 반해 스스로 목숨을 포기하는 사람도 적지 않다. 성적을 비관하고, 친구 사이에 왕따를 당하고, 사업에 실패해서 극단적인 선택을 한다. 심지어 자살 사이트도 있다 하니 참으로 안타깝지 않을 수가 없다.

'목숨을 포기하고 싶으면 중환자실에 한 번 갔다 오라.'는 말을 들은 적이 있다. 지병과 힘겹게 싸우면서 하루하루를 버티는 사람을 보면 살고 싶다는 욕망이 눈물겹다. 물론 자살하는 사람들로서야 저마다 말 못할 사연이 있겠지만, 중환자실에서 병과의 사투를 벌이는 환자를 보면 마음이 조금 달라질 수도 있지 않을까.

언젠간 한 줌의 흙으로 돌아갈 몸이다. 소리 없이 떠나는 날 후회 없도록 늘 베풀며 주위를 한 번 돌아보고 떠나기 위한 준비를 미리 챙겨두자. 건강하게 숨 쉬고 있는 이 순간을 기억하며 살아있다는 사실에 감사할 일이다.

산다는 것이 별것 아니다. 죽음을 눈앞에 둔 순간까지 돈과 권력에 대한 욕심을 부리는 사람은 거의 없다. 가족과의 시간을 더 많이 가지지 못한 아쉬움과 남에게 무언가를 더 베풀지 못한 후회가 클 것이다. 가치 있는 삶이란 인생을 마무리할 때 무엇이 필요한지를 깨닫고 실천하는 것이 아닌가 싶다.

어느 노래의 가사처럼 일 년을 하루같이 사는 게 좋은 건지, 하루를 일 년처럼 사는 게 좋은 건지는 잘 모르겠다. 다만, 소중한 목숨을 아끼고 사랑하며 주어진 시간 열심히 살다 보면 언젠가 그날이 올 것이다. 중년에 맞이하는 가을은 멋진 그리움과 기다림으로 남아야 함을 일러준다. 세월이 흐른 뒤 어쩌다 뒤적이는 앨범 속에 멋있게 익어있는 내 모습을 발견하며 미소 지을 수 있는 날을 기다려 본다.

잠시 머무르던 바람이 또 어딘가로 떠나려 한다. 붙잡을 수 없다는 것을 알기에 조용히 문을 열어준다. 갈 곳이 어딘지 모르기에 누군가의 창문을 다시 두드리면 설령 반갑지 않은 손님일지라도 따스한 곳에서 머무를 기회를 줬으면 좋겠다. 저무는 인생이 잘 익어가고 있는지 저 바람은 알고 있겠지.

반딧불이 수놓다

밤하늘에 별이 총총하다. 가을이라 풀벌레 소리도 한몫한다. 초등학교에 다니는 딸아이와 집으로 들어서는데 반짝이는 불빛이 시선을 끈다. 자세히 보니 반딧불이다. 이리저리 날아다니는 반딧불이가 까만 밤을 수놓은 별빛처럼 빛난다. 별빛은 늘 그 자리에서 빛을 내지만, 날아다니는 반딧불이는 더 아름답고 황홀하다.

조용한 시골 마을에 난데없이 반딧불이가 날아들었다. 마을 회관에서 퀼트공예 가방 만들기가 평생학습센터의 지원으로 진행된다. 밤 문화가 발달한 도시와는 달리 저녁이면 컴컴해지는 시골 마을에 환하게 불이 켜지고 초롱초롱한 눈빛들이 한자리에 모인다. 지금껏 없던 풍경이다. 낮에는 밭일에 물질하고 직장 다니느라 지치고 힘들다. 그런데 '퀼트공예' 하는 날에는 몇만 평 농사를 짓는다는 강사님도 수강생도 생기가 돈다.

퀼트공예 수업 첫째 날이다. 호기심 반 기대 반으로 리사무소로 향했다. 사람들이 제법 많다. 신청자가 별로 없을 줄 알고 걱정했는데 뜻밖에 너무 많아 선착순이란다. 시골에도 이런 열정이 있음에 놀랐다. 아니 열정은 넘치는데 그 열정을 풀어놓을 계기가 없었는지도 모르겠다. 한마을에 살면서도 서로 바빠 얼굴 볼 일이 좀처럼 없다. 퀼트공예 덕에 사는 이야기도 나누고 자녀의 소식도 들으며 더 가까워진 것 같다. 사람과 사람 사이를 촘촘하게 이어주는 좋은 프로그램을 만날 수 있어 더없이 감사하다.

요즘은 구멍 난 옷가지나 양말은 재활용품에 들어가거나 가차 없이 버려서 바느질할 기회가 많이 사라졌다. 어릴 적만 해도 옷이며 양말은 꿰매 입었다. 바늘쌈지는 생활의 일부였고 늘 곁에 두고 살았다. 하지만 언제부턴가 어머니의 바느질 모습은 찾아보기 힘든 풍경이 되었다. 나 역시 고등학교 시절 가사 시간에 몇 번 해본 게 전부다. 기억나는 바느질 종류도 가물가물하다. 특히 바느질에 소질이 없어 더 멀리한 듯하다.

마음이 앞서 퀼트공예를 한다는 정보를 얻고 덜컥 신청서를

냈다. 오래전에 동네 언니가 퀼트 가방이라며 들고 다니는 것을 보았다. 왜 그리 예쁘던지 '나도 기회 되면 꼭 한번 만들어봐야지.'라는 생각을 했다. 욕심이 앞섰다. 예쁜 가방만 상상하며 그 과정이 얼마나 힘들지는 잠시 묻어 버렸다.

강의가 시작되었다. 제본 뜨고 홈질 · 박음질 · 반박음질 · 공그르기를 하라는 강사의 말이 귓가에 윙윙 맴돈다. 고등학교 때 잠깐 배운 실력으로는 어림도 없다. 첫걸음마를 배우는 아기가 걸어가듯이 바느질 자국이 삐뚤거린다. 이러다 제대로 된 작품이 나올지 벌써 걱정이다. 남들은 저만큼 가는데 아직도 제자리다.

강사가 걱정스러운지 옆에서 개인 지도를 해준다. 급하다고 건너뛸 수도 없고 돌아서 갈 수도 없는 바느질이다. 정성스러운 한 땀 한 땀이 모여 비로소 작품이 된다는 사실에 '내가 지금껏 걸어온 발자국은 어떤 작품일까?'라는 의문이 들었다. 귀찮다고 대충 넘긴 일은 없는지, 걸어온 걸음마다 부끄러움은 없는지 곱씹어본다. 바느질하며 수없이 손을 찔렸다. 피가 많이 흐르면 바느질을 중단했다가 다시 하길 반복한다. 바늘에 찔릴 때마다 살아오면서 가슴 아팠던 기억이 되살아난다. 바느질 한 땀에 어느새 인생의 한 페이지도 같이 꿰매지고 있었다.

마음은 급하고 진도는 느리지만, 제법 모습을 갖춰가는 가방을 보니 뿌듯하다. 세상 어디에도 없는 나만의 작품이라 생각하니 더 그렇다. “시작은 미약하나 그 끝은 창대하리라.”란 말이 떠오른다. 강의 첫날은 걷지도 못하고 비틀거렸다. 하지만 10주에 걸친 강의가 끝난 지금은 스스로가 너무 자랑스럽고 기특하다. 산을 오를 때 힘들다고 포기해버리면 정상에 펼쳐지는 풍경은 영원히 눈에 담을 수 없다.

아무리 높은 산도 한 걸음부터 시작된다. 산을 오르다 보면 평지도 있지만, 경사지고 위험한 곳이 더 많다. 그럴 때마다 포기하고 싶은 생각이 앞선다. 오로지 정상을 생각하며 참고 인내하며 한 발 한 발 내딛는다. 정상까지의 여정은 힘들지만, 산을 오른 보람이 거기에 있고 무엇보다 나 자신의 결과에 만족하기 때문이다.

인생도 그렇다. 결혼하고 처음은 많이 낯설고 모든 것이 힘들었다. 지금껏 살아온 집과 가족을 떠나 새로운 가족을 만들고 낯선 환경에 적응한다는 것이 녹록하지는 않았다. 그 조각을 바늘로 꿰매었다. 살다 보니 평평한 길이 아닌 울퉁불퉁 깊게 팬 험한 길을 걷게 되었다. 그 조각보도 가방의 한 귀퉁이에 자리했다. 남편과 이런저런 이유로 싸움도 많이 하고 울기도 많이 했다. 그 아픔도 같이 꿰매었다. 아이를 기르다 보니 예상 못한 큰일이 많이 생겼다. 몸이 아픈 아이와 병원 생활도 오래했다. 그 아픔 역시 가방 가장자리에 촘촘히 박아놓았다. 그렇게 퀼트 가방이 완성됐다. 바늘이 꾹꾹 박힐 때마다 살면서 힘들었던 일을 하나하나 꺼내어 고운 천에 촘촘히 풀어놓았다.

산 정상에 올랐을 때의 성취감이란 올라본 사람만이 맛볼 수 있다. 가방을 만들면서 맛본 성취감을 오래도록 기억하리라. 한 땀이 얼마나 소중한지 늘 생각하며 살아야겠다. 바느질이 안 되어 비틀거리며 시작한 퀼트공예지만, 잘 만들었다며 전시작에도 뽑혔다. 덕분에 종강하는 날 치킨과 맥주를 기분 좋게 샀다.

평생학습이 아니면 체험해보지 못할 일이다. 퀼트가 얼마나 힘든 작업인지 알지 못한다. 바느질 한 땀 한 땀이 모여 작품이 된다는 사실이 얼마나 위대한지 모른 채 그저 남이 들고 다니는 작품을 보며 부러워하며 지냈을 것이다. 퀼트를 시작함으로써 내가 만들어가는 인생이라는 조각보에 훌륭한 퍼즐 한 조각을 수놓을 수 있게 되었다.

인생을 되돌아보면 한 조각 한 조각을 잘못 연결시켜 전체를 어긋나게 하는 경우가 얼마나 많은가. 개인이든 사회든 한 사람의 잘못으로 전체를 무너뜨리는 사례를 여러 번 봤다. 몇 사람이 모여 계를 만든다. 계는 사람과 사람의 약속으로 이루어진다. 순서를 정하고 그 순서에 따라 필요한 자금을 받는다. 하지만 한 사람의 욕심으로 마지막 순번은 번번이 실패를 본다. 먼저 돈을 받으면 더 감사하는 마음으로 끝까지 자금을 불입하는 노력을 해야 하는데 대부분 사람이 그 약속을 지키지 않는다. 사람과의 관계에 있어 한 땀을 건너뛰어 전체적인 작품에 오점을 남기는 일이다. 퍼즐을 맞출 때 한 조각이 없어 작품이 완성되지 못하듯, 인생에도 한 조각이 잘못되어 실패한 삶을 사는 건 아닌지 모르겠다.

농사일에 물질에 지친 몸이지만, 늦은 밤 퀼트를 마치고 돌아가는 시골 여인네들의 반짝이는 눈빛이 반딧불이처럼 밤하늘에 수놓아지고 있다.

은하수 너머

산이 얼마나 높으면 하늘의 은하수를 잡아당길 수 있을까. 한라산은 은하수 가까이에 걸쳐 있고, 나는 제주의 땅 한 구석에서 별똥별로 살아간다. 하늘에서 별똥별이 떨어지면 대부분 사람은 소원을 빈다. 별을 사랑하는 마음으로 사람을 만나고 인생을 살아야 한다고 생각하지만, 이것은 한라산을 오르는 것만큼 힘든 일이다.

제주에 살면서 한라산을 몇 번 가보았느냐는 질문을 가끔 받는다. 그때마다 자신 없는 대답은 나를 작게 만든다. 오래전 학창시절에 친구들과 한라산에 올랐던 기억을 더듬으며 오직 정상을 정복하겠다는 마음으로 산을 오른다.

금세 울창한 숲이 나온다. 나무는 옹기종기 모여 숲을 이루고 산다. 숲과 나무를 보면 어우러진 모습이 부럽다. 나무는 제각각 서 있어도 숲을 이룬다. 각자 자신의 자리에서 뿌리를 내리고 고유한 잎사귀와 꽃을 피우며 살아간다. 숲을 이룬다는 것은 조화로운 삶을 이룬다는 것이다.

사람들은 어찌해서 나무처럼 숲을 이루지 못하는 것일까. 첨단의 문명을 살아가는 현대인은 모래알처럼 파편화된 삶을 살고 있다. 메마른 곳에서 외롭게 살아가기 때문에 낯선 사람을 만나 낯선 삶을 살아간다. 더구나 욕망의 세계에 갇혀 있으니 잘 섞이지 못한다. 서로에게 마음을 열지 않기에 숲을 이룰 수 없다. 갈수록 삭막해지는 인간관계는 한라산 중턱까지 파고든 재선충병에 걸린 소나무처럼 죽어가고 있다. 산을 오르는 동안이라도 나무가 되어 저 푸른 하늘을 머리에 이고 새와 풀과 구름과 마음을 트고 싶다.

가벼운 발걸음도 잠시, 발목에 돌이라도 달아맨 듯 다리가 무거워진다. 평소에 잘 흐르지 않는 땀이 이마에 송골송골 맺힌다. 흐른 땀만큼 수분이 필요한지 갈증이 난다. 준비한 물로 목을 축이고 숲속에 앉아 주위를 둘러본다. 걸음에 집중할 때는 들리지 않던 새소리가 청아하다. 암컷과 수컷이 서로 대화를 나누는지 그들만의 언어로 만드는 소리가 신비롭다. 있는 듯 없는 듯 살랑이는 바람이 피부에 와 닿는다. 늘 함께하면서도 존재를 잊고 사는 일상이 새삼 다르게 다가온다.

얼마나 걸었을까. 거리를 짐작해보니 중간쯤 오른 것 같다. 숲을 벗어나니 햇볕이 제법 따갑다. 뒤를 돌아본다. 산 중턱에서 내려다본 풍경이 한눈에 들어온다. 밑에서는 보지 못했던 모습이다. 멀리 바다가 하늘과 맞닿아 있고 그사이를 뭉게구름이 맴돈다. 늘 올려만 보던 사물을 위에서 내려다보는 것도 색다르다. 높게만 느껴지던 빌딩이 새끼손톱보다 작아 보인다. 주차된 차들이 점점이 놓여있고, 산에서 내려가는 사람의 뒷모습은 개미 떼가 줄지어 가는 것 같다.

사철 마르지 않고 하늘로 통한다는 백록담을 보고 싶은 설렘에 마지막 안간힘을 쏟는다. 드디어 정상이다. 성판악 코스로 출발한 지 네 시간이 조금 넘었다. 백록담을 보는 순간 힘들었던 여정을 잠시 잊는다. 선녀들이 내려와 목욕을 즐겼다는 천상의 샘이다. 샘이나 우물은 이승과 저승의 두 세계를 넘나들 수 있는 연결통로다. 지상에서 천상으로 오르는 출입구이다. 백록담은 제 모습을 온전히 보여주지 않는다. 금방 맑았다가 바로 안개가 뒤덮어버리기도 한다. 어렵게 오른 정상에서 백록담의 모습을 볼 수 있어 좋다. 움푹 파인 분화구에 하늘빛이 그대로 내려앉아 파란 호수 같다. 하늘에서 선녀가 내려와 목욕하는 모습을 상상해 본다. 상상만으로도 부끄러운지 먹색 구름과 안개가 순식간에 몰려와 분화구를 덮어버린다.

전설에 의하면 복날에 선녀들이 내려와 목욕했다고 한다. 산신령이 목욕하는 장면을 훔쳐보다 선녀에게 들키고, 그 사실을 알게 된 옥황상제는 크게 노하여 산신령을 흰 사슴으로 변신시켜버렸다. 지금도 복날이면 사슴 한 마리가 구슬피 울면서 못가를 배회한다고 한다. 사슴으로 변해버린 산신령의 회한의 한숨인지 정상에 올라서면 유독 바람이 세차다.

정상에서 아래를 내려다보니 세상이 내 품안에 있는 듯하다. 기분은 잠시뿐, 하산 시간 때문에 더는 머물지 못하고 내려가야 한다. 힘들게 오른 시간이 무색하다. 능선을 따라 내려오다 보면 억새 숲을 스치는 바람 소리가 애절하게 우는 짐승 소리처럼 들린다. 생명의 시원과 피안과의 통로를 통해 얼마나 많은 사람이 나타났다가 사라진 것인가.

우리는 무엇 때문에 아득바득 정상을 오르려 하는가. 직장에서 최고의 자리를 위해 안간힘을 쓰고 진급시험을 준비한다. 가정이나 자식을 돌보는 일은 뒷전이다. 명문대학을 가기 위해 밤낮없는 공부와의 전쟁으로 사뭇 불쌍한 학생들이다. '조금만 더'를 외치며 시간에 쫓겨 인생의 중요한 시기를 속절없이 보내버리고 있다.

산을 오르며 중간중간 뒤를 돌아보는 여유가 없었다면, 결코 정상에 도달하지 못했을 것이다. 산을 오르는 것만이 중요한 것은 아니다. 높이 오를수록 추락할 위험도 커진다. 정상에 올라 아래를 내려다보라. 지금껏 볼 수 없었고 느끼지 못했던 것을 알게 된다.

오른다는 것은 부와 명예를 가진다는 것이 아니다. 높은 데서 봐야 보지 못했던 것을 볼 수 있고 찾을 수도 있다. 낮은 곳을 잘 보살피고 도울 수 있어야 진정 높이 오른 것에 대한 가치가 실현된다. 오르는 시간은 힘들고 길지만, 정상에 머무는 것은 잠시다. 그 잠깐을 위해 고통을 참고 오른다. 인생도 마찬가지다. 부와 명예가 영원할 것 같지만, 한낮에 꾸는 꿈처럼 순간의 달콤함이다. 정상에 오르자마자 곧 하산해야 하듯이 우리네 인생도 서서히 저물어간다.

짊어지고 간 근심과 걱정을 정상에 풀어놓으니 몸과 마음이 홀가분하다. 저무는 인생도 홀가분하게 마무리될 수 있기를 바라면서 백록담을 뒤로한 채 서둘러 산을 내려간다. 한라산 너머 은하수에는 어떤 별이 존재할까.

어머니의 휴가

오랜만에 친정에 갔다. 혼자 계시는 아버지에게 자주 가봐야겠다고 생각하지만, 뜻대로 잘 되지 않는다. 어머니가 안 계신 친정집은 들어서는 순간부터 가슴이 텅 빈 것처럼 허전하다. 마당 잔디에 어지럽게 자리한 잡초가 눈에 거슬린다. 잡초의 키가 자란 만큼 어머니의 빈자리가 그대로 느껴져 마음이 씁쓸하다.

현관문을 들어서니 텔레비전 소리가 온 집안을 울린다. 아버지의 귀가 조금은 먼 탓도 있겠지만, 어쩌면 외로움을 달래려고 소리를 더 크게 해둔 게 아닌가 싶다. 오랜만에 찾아뵌 게 더욱 죄스럽다. 아버지는 나를 보더니 무척 반가운 듯 듬성듬성한 치아를 활짝 열어 보인다. 손을 꼭 잡고 그동안의 안부를 여쭈었다. 아무 걱정 하지 말라며 손사래를 치지만, 얼굴에는 수심이 가득하고 검버섯이 군데군데 자리하고 있다.

나이 들면 부부보다 더 좋은 삶의 동반자는 없을 것이다. 그래서인지 먼저 가신 어머니가 몹시 그리운 모양이다. 요즘 들어 어머니와 같이 밭일하는 꿈을 자주 꾼다고 말하는 아버지의 눈가에는 눈물이 촉촉하다. 그런 모습을 보고 있자니 혼자된 아버지가 더욱 안쓰럽다. 더는 앉아 있을 수가 없어 부엌으로 갔다. 다시는 돌아올 수 없는 어머니를 부르며 수돗물을 틀어 놓고 한참을 울었다.

나는 아직도 어머니의 죽음이 믿기지 않는다. 어릴 때부터 어머니에게서 느끼던 체취와 감촉이 지금도 살아있다. 젖가슴을 만지던 손끝의 촉감과 냄새를 잊을 수 없다. 어머니의 놀이터이면서 일터이던 우물가와 들판 주변을 서성이며 어머니가 늘 부르던 노래 가사를 흥얼거려 본다.

어머니! 부르고 또 불러도 지겹지 않은 이름, 생각만으로도 가슴이 벅차오르고 푸른 바다처럼 항상 제자리에서 나를 지켜주는 이름이다. 가끔 어머니의 꿈을 꾼다. 꿈속에서는 그리운 어머니를 볼 수 있고 부를 수도 있다. 마음속 이야기를 다 풀어낼 수는 없지만, 보고 싶은 어머니 얼굴을 잠깐이나마 볼 수 있다는 사실만으로도 그리움의 갈증이 조금은 가신다.

어머니는 마지막 남은 하나까지 자식들에게 아낌없이 쏟아부었다. 가진 것 없어 자식에게 챙겨주지 못한 회한은 깊었다. 본인은 학교 문 앞에도 못 가봤지만, 딸에게는 많은 교육을 시키고자 했다. 살아오면서 슬픔과 분노가 어머니에겐들 왜 없었을까. 땅을 치며 울고 싶은 일이 한두 번이 아니었을 것이다. 그런데도 어머니가 우는 모습을 한 번도 본 적이 없다. 어머니는 외롭고 힘든 삶을 어디에다 하소연하며 이겨냈을까.

언젠가 밭일을 나간 어머니가 해 저물도록 집으로 돌아오지 않았다. 어머니를 찾아 들판에 나가보니 어디선가 거친 호미 소리가 들렸다. 저 멀리서 부지런히 밭을 매고 있는 몸짓이 힘들어 보였다. 어머니는 그렇게 땅에다가 하소연하고 있었는지 모른다. 이 힘든 세상에서 혼자 외로움과 아픔을 달래며 가슴에만 묻고 살아온 것이다.

어머니가 하늘로 가시던 날은 함박눈이 소리 없이 내렸다. 눈송이는 머리와 어깨와 뺨에 살며시 내려앉고는 흔적 없이 녹아버린다. 나와의 마지막을 고하는 의식처럼 하얀 눈과 함께 어머니는 그렇게 멀어져 갔다. 추운 겨울을 견디고 봄에 꽃을 피우는 인동초처럼 질기고 질긴 어머니와의 끈은 잘라낼 수 없는 탯줄로 가슴 깊이 뿌리 내렸다.

이 세상 무엇인들 이름 없고 사연 없는 게 있으랴만 '어머니' 만큼 위대하고 신성한 이름은 없다. 언제나 내 곁을 지켜줄 것만 같았는데, 어느 날 폐암 말기 진단으로 갑작스러운 이별을 하고 말았다. 한겨울 마른 나무처럼 여위어버린 어머니는 마침내 저세상으로 가버렸다.

병마와 싸우면서 응급실을 몇 번이나 들락거렸다. 말도 못하고 호흡기에 의지해 겨우 숨을 쉬는 어머니는 그 상황에서도 나를 바라보며 걱정의 눈빛을 보낸다. 만삭이 된 막내딸이 힘들지는 않은지, 분만할 때 도와주지 못해 미안하다고 보내는 눈빛의 의미를 고스란히 느낀다. 그런 어머니를 위해 힘없는 손을 꼭 잡아 드리며 걱정하지 말라고 안심시켜 드리는 것밖에는 해드릴 수 있는 게 아무것도 없었다.

병상에 누워있는 어머니에게 "어머니 소원이 뭐에요?"라고 물었다. 한 가지 소원도 들어줄 힘이 나에게 없었지만, 어쩌면 이 말이 마지막이 될지도 모른다는 생각에 꼭 들어드리고 싶었다. 어머니는 한참을 침묵하다 힘겹게 말문을 열었다. "너희들 고생 그만 시키고, 그냥 바람처럼 훌쩍 떠났으면 좋겠다." 어머니는 고통을 온몸으로 느끼면서도 자식에게 폐가 될까봐 걱정하고 계셨다.

길지 않은 응급실 면회 시간이 더 짧게 느껴졌다. 환자가 힘드니 보호자는 그만 나가 달라는 간호사 말에 이대로 손을 놔 버리면 영영 이별일 것만 같아 발길이 떨어지지 않았다. 이승과 저승 사이에서 사투를 벌이면서도 나를 안심시키려는 듯 괜찮다는 손짓을 힘없이 해 보이셨다. 그 모습이 내가 기억할 수 있는 어머니의 마지막이었다.

어머니는 떠났지만, 어머니에 대한 기억은 시도 때도 없이 내 가슴을 비집고 들어온다. 친정에 갈 때마다 채소와 곡식을 가득 챙겨주면서도 무엇이든 더 많이 주지 못해 섭섭해하셨다. 하지만 나는 그런 어머니를 위해 해드린 게 너무 없다. 만삭의 몸을 핑계로 어머니의 병간호도 제대로 못해드렸다. 임종도 지켜 드리지 못해 두고두고 가슴이 아프다. 단 하루만이라도 살아 오신다면 못다 한 효도를 해드리련만. 그런 간절한 마음으로 정채봉 시인의 「어머니의 휴가」를 조용히 읊조려 본다.

하늘나라에 가 계시는
엄마가
하루 휴가를 얻어 오신다면

아니 아니 아니 아니
반나절 반시간도 안된다면
단 5분
그래, 5분만 온대도 나는
원이 없겠다.

하늘나라에는 휴가가 없나 보다. 매일 밤 간절히 시를 읊조리며 어머니의 휴가를 빌어 보지만 아직 아무런 답이 없다. 내 마음속을 꿰뚫기라도 하듯 둘째 딸이 한마디 툭 던진다. "엄마, 만약에 외할머니가 살아오신다면 제일 먼저 하고 싶은 말이 뭐예요?" 아무리 철없는 아이의 질문이지만 어느새 내 입에서는 '어머니'라는 말이 전류같이 온몸을 타고 흐른다.

금방이라도 내 이름을 부르며 다가올 것만 같은 어머니, 생전에는 어머니가 나를 품었지만 이제는 내가 어머니를 품을 것이다. 산속에 오롯이 솟은 봉분 속에 잠들어 있는 어머니를 위해 이승에서 지친 몸이 편히 쉴 수 있는 그늘이 되어줄 터이다. 꽃은 지면 향기가 없다는데 세월이 갈수록 어머니의 향기는 왜 이리 진한지 모르겠다. 어머니는 언제 휴가를 받아 나에게 올 수 있을까.

2부

경계의 꽃

별이 지는 소리

가로등 불빛 아래 안개가 자욱하다. 안개 속을 뚫고 들려오는 소리가 발걸음을 붙든다. "우 우 우" 하는 소리는 고요한 밤의 정적을 싸늘하게 한다. 소 울음치고는 너무 구슬프다. 가만히 귀 기울여 들어보니 우는 소가 한두 마리가 아니다. 연이어 들리는 울음소리에 마음에서 이상한 파동이 인다.

소리는 다음 날 아침에도 계속되었다. 내가 잠든 시간에도 쉬지 않고 울어댄 듯 더 애처롭다. 출근 후 동네 사람에게 소가 운 사연에 대해 듣게 되었다. 주인이 몸이 많이 아파 병원에 입원했는데, 그 빈자리를 아는지 밤새 울었다는 것이다.

언젠가 「워낭소리」라는 다큐멘터리 영화를 본 적 있다. 평생 땅을 지키며 살아온 팔십이 넘은 최 노인과 늙은 소의 이야기다. 보통 소의 수명은 십오 년인데 최 노인의 소는 평균수명을 훌쩍 넘겨 사십여 년을 살았다. 말 못 하는 짐승이지만 눈빛과 마음과 소리로 교감하며 살아온 시간이다.

어느 날 수의사로부터 늙은 소는 해를 넘기기 힘들겠다는 선고를 받는다. 이 말을 들으며 노인도 울고 소도 우는 장면을 좀처럼 잊을 수가 없다. 끔뻑이는 소의 큰 눈망울에서 소리 없이 흐르는 눈물을 보며 '소도 사람과 교감하는구나.'라고 생각했다. 늘 함께하던 주인이 아프다는 걸 느꼈는지 밤새 울어 대던 소처럼, 우리의 언어는 아닐지라도 그들 나름대로 소통을 한다. 아프면 아프다고 울고, 슬프면 슬픔의 표현을 한다.

세상의 모든 소리는 오묘하다. 아침에 지저귀는 새소리는 아침을 알리고 깨우는 소리이다. 쉴 새 없이 지저귀며 저들끼리 인사를 나눈다. 비가 많이 온 뒤에 들리는 맹꽁이 울음소리가 시골의 고요함을 깨고 정겹게 들린다. 서로 맞장구라도 치는지 이쪽에서 '맹' 하면 저쪽에서는 '꽁'하고 답한다. 저 소리야말로 생명의 소리다. 소리는 메아리가 되어 울려 나간다. 생명체는 소리에 반응하고 교감한다. 아침을 깨우는 새소리, 시골에서 멀리 개 짖는 소리는 모두 생명의 소리다.

말 못하는 동물과의 교감은 진정한 마음을 공유하지 않으면 어렵다. 눈빛과 몸짓을 살피고 그들의 소리를 민감하게 받아들여야 한다. 아픈 주인을 생각하며 밤새 서글피 울던 소처럼 소리만으로도 가슴을 울리고 감동을 준다. 짐승도 주인을 위해 슬픔의 표현을 하는데 사람은 어떤가.

며칠 전 인근 마을에서 노인 한 분이 방안에서 쓸쓸하게 죽어 있는 것을 옆집 주민이 발견했다. 더 놀라운 건 한 울타리 안에 아들 내외가 살고 있어도 부모의 죽음을 알지 못했다는 것이다. 평소 가깝게 지내던 이웃 주민이 죽을 쑤어 나눠 먹을 요량으로 찾아가 보니 이미 숨을 거둔 후였다. 돌아가신 지 며칠이 지났어도 죽음조차 알지 못하고 혼자 쓸쓸히 가야 했던 할머니의 마지막 마음은 오죽했을까.

갈수록 사회가 삭막하다. 선조들이 살아온 생활을 보면 문안 인사와 잠자리 들기 전 인사는 기본이었다. 하지만 언제부턴가 거의 찾아보기 힘든 현상이 되어버렸다. 통신 수단이 발달하여 핸드폰이 없는 사람이 없다. 버튼만 누르면 안부 정도는 쉽게 할 수 있다. 그마저도 외면하고 가족이라는 이름이 무색하게 제각각 살아간다.

노인이 가장 견디기 힘든 것은 외로움이다. 외로움이 깊으면 고독감과 우울증에 시달리기도 한다. 가족이 있지만 일 년에 한두 번 보는 게 고작이다. 아니, 심지어 몇 년을 왕래조차 하지 않고 지내는 집도 허다하다. 인간은 사회적 동물이기에 사람과 부대끼며 더불어 살아야 한다. 세상은 사람이 만드는 희로애락에 의해서 이루어진다. 그렇지만 사람 없는 세상이 어찌 즐거울 수 있겠는가. 며칠 전 폭설이 내려 교통이며 생활이 마비되어 버렸다. 그때 어느 할머니의 인터뷰 내용이 생생하다. "폭설보다 더 춥고 힘든 건 아무도 찾아오지 않는 외로움이다."라며 주름진 손으로 눈물을 훔치는 모습에서 삭막한 삶의 현실을 볼 수 있었다.

우리는 모두 부모로부터 태어난 존재이다. 부모님께 효도는 말보다 실천이며 자주 찾아뵙는 것이 중요한 일이다. 찾아뵙지 못할 경우에는 정보통신을 이용한 전화 한 통화를 드리는 것도 효도의 지름길이 아닐까. 경로효친 사상은 말이나 구호보다 실천해야 보람이 있다. "효는 백행의 기본"이라는 공자의 말대로 효도는 모든 행동의 기본이다. 효도는 백 번을 강조해도 넘치지 않을 만큼 중요한 것이다. 인간의 모든 도리는 효도하는 마음에서 출발한다. 인간관계가 힘들고 삭막한 사회일수록 낳아주시고 길러주신 부모님을 찾아뵙고 함께하는 시간이 많아졌으면 하는 바람이다.

사회가 발달함에 따라 물질적으로는 풍요롭지만, 마음은 자기중심적이고 가뭄에 갈라진 땅처럼 메말라간다. 개인주의가 되면서 이웃 간에 왕래가 없어지고 감옥에 갇힌 사람처럼 철저히 혼자가 된다. 그래서인지 요즘 반려동물을 키우는 집이 늘고 있다. 말 상대가 사라지고 외로우니 동물과 교감하며 쓸쓸하고 고독한 시간을 달랜다.

외로운 사람을 찾아가 손 한번 잡아주고 따스한 말 한마디 건네주는 것이 별일은 아니다. 하지만 죽음보다 더 견디기 힘들다는 외로운 사람에게는 위로의 말 한마디가 가슴을 울리는 감동의 소리다. 그 소리는 내면에서 우러나오는 진심이 담긴 한 줄기 빛이다. 음지에서 추위에 떨고 있는 사람에게 따스한 손길을 내밀어 보자.

요즘 들어 소리에 귀 기울이는 버릇이 생겼다. 좋은 음악을 듣다 보면 내면을 울리는 깊은 감동이 가슴 속으로 퍼져나간다. 애절한 음악이 마음에 와닿으면 하늘에 별이 된 슬픈 영혼이 가슴으로 내려와 콕콕 박힌다. 별무리 중에는 사랑하는 사람과 그리운 사람이 함께 있다. 별을 세다보면 총총 박힌 눈망울이 나를 보는 것 같다.

주인이 밤하늘을 밝히는 별이 되었음을 아는지 밤새 슬프게 울던 소 울음이 그쳤다. 아득한 하늘에서 별똥별이 긴 꼬리를 남기며 소리 없이 떨어진다.

경계의 꽃

긍정의 마음은 바른 생각에서 나온다. 수긍하고 인정하면 올바른 마음가짐이 생긴다. 아무리 좋은 환경과 혜택을 누려도 만족하지 못하면 불행할 수밖에 없다. 눈이 맑고 깨끗하지 못하면 아름다운 것을 봐도 예쁘게 보이지 않는 것처럼, 생각도 힘들고 부정적이면 사물을 아름답게 볼 수 없다. 긍정의 사고 없이 부정적인 면만 보는 사람은 반듯하게 놓인 물건도 흐트러져 보인다. 삶을 긍정의 시각으로 보면, 감사와 행복과 희망이 넘친다.

사랑하는 사람을 위해선 모든 것을 다해주고 싶다. 주어도 아깝지 않은 사랑은 긍정적인 마음에서 비롯된다. 긍정적 사고는 저절로 생기는 것이 아니다. 사물을 제대로 바라보는 노력을 끊임없이 해야 한다. 사랑한다고 해서 상대방에게 함부로 해서도 안 된다. 사랑하는 사람을 위해서는 해주고 싶은 것도 많지만, 해서는 안 되는 것도 참 많다. 가까운 사이일수록 적당한 경계를 두고 예의를 지켜야 한다. 서로 존중하고 위하는 마음이 없으면 그 사랑은 허물어지고 만다. 어찌 보면 되는 것보다 안 되는 것이 훨씬 많은 세상이다.

그러나 어떤 고난과 어려움 속에서도 최선을 다해 열심히 일하고 성공하는 사람이 있다. 가정형편이 어려워 학원이나 과외를 못 받아도 자기의 꿈을 어떻게든 이루어낸다. 그러기에 미리 안 될 거라고 포기하면 안 된다. 가끔은 부정적인 말이 긍정의 말보다 필요할 때가 있다. 모두가 '예'라고 할 때 '아니오'라고 자신 있게 말할 수 있는 용기가 필요하다. 그 용기가 오늘의 남북정상회담을 이끈 게 아닌가 싶다.

2018년 4월 27일은 분단 70년 만에 북한 최고지도자가 남쪽 땅을 밟은 최초의 날이다. 남북 최고 지도자가 손을 꼭 잡고 군사분계선을 넘는 장면에 왠지 감정이 울컥했다. 누구도 예상하지 못했던 꿈이 현실이 되는 뜨겁고 감동적인 순간이었다.

만나는 사람마다 남북정상회담으로 자연스럽게 대화가 이어진다. 많은 사람이 불가능하다고 생각하는 일을 가능하게 만든 사람들의 능력이 놀랍다. 어떤 힘이 김정은의 마음을 움직이고 오늘의 협상을 끌어냈을까. 너무 강하면 부러지고 자석도 같은 극끼리는 서로 밀어낸다. 지긋하면서 느긋한 기다림의 인내가 김정은의 불도저처럼 강한 성격과 맞물려 '남북정상회담'이란 성과를 만든 것이다.

남북정상회담이 마무리되고 그 여운이 채 가시기 전이다. 운전 중 라디오에서 진행자의 잔잔한 목소리가 흘러나온다.

> 집 안과 밖의 경계인 담장에
> 화분이 있고
> 꽃의 전생과 내생 사이에 국화가 피었다
> (중략)
> 눈물이 메말라
> 달빛과 그림자의 경계로 서지 못하는 날
> 꽃 철책이 시들고
> 나와 세계의 모든 경계가 무너지리라
>
> —함민복, 「모든 경계에는 꽃이 핀다」 부분

낭송하는 시를 가만히 듣다 보니 우리나라 현실이 떠오른다. 한 민족이 분단되어 휴전선이 생기고 철조망이 쳐졌다. 몸은 갈 수 없고 마음만 넘을 수 있는 선이다. 늘 삭막하고 긴장이 감도는 경계에 이름 모를 꽃이 피었다. 두 정상이 만나 상대방을 배려하고 행동하는 가운데 웃음꽃이 피었다. 경계는 반드시 허물어야 하는 것은 아니다. 모순 같지만 허물지 않아도 길이 생기고 꽃이 피어난다. 꽃이 피어나는 경계는 상상만으로도 아름답다. 철조망이 쳐진 자리에 꽃이 가득 피어나는 날이면 분단의 비극도 사라질 것이다.

인생에서 경계란 어떤 의미일까. 사람과 사람 사이에도 보이지 않는 선이 있다. 관계 사이의 경계를 무시하고 개인의 욕심만 낸다면 오해가 생기고 질서가 무너지며 싸움이 일어난다. 지나치게 경계만 치다 보면 세상은 소통이 단절되고 사람과의 관계에서 담장만 점점 높아진다. 안과 밖의 세계를 조화롭게 하고 물질적 이익보다는 정신적 도덕적 가치를 추구하는 삶이 바람직하지 않을까. 자신의 욕심을 내려놓고 인간의 도덕성을 회복한다면 높아진 담장도 허물어진다. 서로 도우며 사는 삶을 황제펭귄을 보며 반추해 본다.

남극대륙에 사는 황제펭귄은 영하 60도를 오르내리는 혹한에 알을 낳는다. 엄마 펭귄으로부터 알을 받은 아빠 펭귄은 아무것도 먹지 않고 두 달간 알을 지킨다. 알에서 새끼가 나오면 몸무

게가 반으로 줄었음에도 몸속에 남아있는 음식을 토해내어 새끼에게 준다. 힘든 상황에도 서로 도와가며 새끼를 지켜내는 펭귄의 생존방식은 인간과 인간의 보이지 않는 경쟁심이 무색할 만큼 인상적이다.

황제펭귄은 혹한의 추위를 견디기 위해 개인 행동이 아닌 무리를 지어 생활한다. 무리 가운데 있던 펭귄은 몸이 따뜻해지면 밖으로 나가고 변두리에서 추위에 떨고 있던 펭귄이 안으로 들어와 체온을 유지한다. 안과 밖의 세계가 질서 정연하게 돌아가면서 허들링을 하는 과정이 혹한의 추위에도 종족을 번식하며 살아남을 수 있는 이유이다. 더불어 살아가는 펭귄처럼 남북한도 서로 배려하고 이해한다면 관계가 훨씬 따뜻해질 것이다.

삶과 죽음의 경계, 나라와 나라 사이의 경계를 어떻게 넘는가에 따라 인생의 모습이 달라진다. 그동안 나라 간 경계를 넘는 것이 무척 까다롭고 거창한 의식인 줄 알았다. 하지만 별다른 절차를 밟지 않고도 국경을 쉽게 넘나들고 있다.

우리나라도 차표 한 장으로 그리운 금강산을 찾아갈 날이 올까. 분단의 경계에 희망의 꽃이 만발하는 날, 실향민이 마음껏 고향 땅을 밟을 수 있기를 꿈꾸어 본다.

흔적 지우기

휴대폰을 열었다. 앱, 문자, 카카오톡, 사진이 메모리에 가득 저장되어 있다. 이런 매체는 그동안 온갖 정보와 지식을 나에게 제공해 주었다. 하지만 하나하나 들여다보니 한 번도 사용하지 않은 앱이 휴대폰 화면에 가득하다. 심지어 어디에 사용하는지도 모르는 앱들이고, 내용을 잘 모르니 지워야 할지 그냥 두어야 할지도 애매하다.

때맞춰 알림 문자가 울린다. 저장 용량이 부족해 더는 받아들일 공간이 없으니 정리가 필요하다고 한다. 저장된 내용을 하나씩 클릭하며 확인한다. 지우려고 하니 언젠가 필요할 것 같고, 놔두려니 저장 공간이 부족하여 망설여진다.

몇 시간을 소비해서 휴대폰 정리를 했다. 필요한 것과 필요

없는 것을 선별하여 '삭제' 버튼을 눌렀다. 몇 년 동안의 사연과 기록이 흔적도 없이 한순간에 날아가 버린다. 버튼 한 번 눌렀을 뿐인데, 오랜 시간 쌓인 소중한 흔적이 사라져 없어진다.

사람의 기억도 버튼 하나로 지울 수 있다면 얼마나 좋을까. 살아가면서 행복하고 즐겁고 아프고 슬픈 일이 기억 속에 차곡차곡 쌓여간다. 휴대폰은 저장 공간이 부족하다고 알려주고 더는 내용을 받아들이지 않는다. 하지만 사람의 뇌는 원하든 원하지 않든 사는 동안에 일어나는 모든 일을 저장한다. 즐겁고 행복한 기억만 저장된다면 좋겠지만, 슬프고 불행한 일들에 대한 기억에서도 자유로울 수 없다.

휴대폰에서 불필요한 내용을 자유로이 삭제할 수 있듯이, 인간의 삶에서도 가지치기가 필요하지 않을까. 많은 사람을 만나고 많은 모임을 하고 많은 것을 소유한다고 삶이 풍요로워지는 것은 아니다. 오히려 사람과 물건과 시간에 갇혀 구속된 삶을 살게 된다. 온종일 휴대폰을 붙잡아 밴드를 둘러보고 카카오톡이나 문자를 주고받으며 수다를 떤다. 페이스북이나 카카오스토리에 댓글이나 달면서 시간을 낭비한 적이 한두 번이 아니다.

복잡하고 피곤한 분위기에 휩쓸려 정작 나만의 소중한 시간을 빼앗기며 살아왔다. 그러다 보니 자신을 돌아보고 나를 만날 수 있는 시간을 다 놓쳐버렸다. 일정표에는 날마다 모임이며 행사와 약속이 꽉 차 있다. 빽빽이 메모가 된 일정만 봐도 숨이 막힌다.

바쁜 일상에 쪼들리며 조용히 나만의 시간을 가지지 못한다. 휴대폰에 매달려 값진 시간을 허비한다. 어둠이 살포시 내려앉는 창가에 앉아 인생과 세상에 대하여 귀중한 이야기를 나눌 수 있는 시간과 친구가 아쉽다. 아침에 눈을 뜨고부터 가족의 뒷바라지, 직장에서의 숨 가쁜 시간, 퇴근 후의 이런저런 모임에 쫓겨 여유롭게 자신을 돌아보거나 인생에 대해 생각해 보는 것은 상상도 못할 일이다.

하루 일을 마치고 지친 몸과 마음이 쉴 곳이 있다는 것은 축복이다. 낮 동안의 번잡과 소음을 뒤로하고 평화와 고요가 정령같이 다가온다. 밤의 휴식과 평화의 시간은 너무나 소중하게 나를 감싼다. 늦은 밤, 휴대폰을 끄고 갓 내린 향기 진한 커피를 마시며 지난 시간과 다가올 시간을 고민해본다.

휴대폰과 TV를 멀리하니 나에게 주어진 시간이 여유롭기 그지없다. 평화로운 시간 속에서 과거와 현재와 미래를 넘나들며 생각에 잠긴다. 과거가 있기에 현재가 존재한다. 아무리 볼품없이 지나버린 과거라고 하지만, 그 시간이 없었다면 현재도 없다.

대패질하다 보면 톱밥이 많이 나온다. 수북이 쌓인 톱밥이 아무 쓸모없다고 생각하면 버려야 할 쓰레기에 지나지 않는다. 누군가에게는 쓸모없을지 모르지만, 톱밥을 나무 밑에 깔아주면 거름이 되고 추운 겨울을 따뜻이 지낼 수 있게 하는 연료가 된다.

과거도 돌이켜보면 좋은 일도 있지만, 후회와 슬픔으로 메워진 시간이 많다. 나무를 다듬어서 나온 톱밥은 쓰레기지만, 좋은 곳에 적절히 사용하면 훌륭한 연료가 되고 거름이 된다. 그런 것처럼 우울한 과거도 경험을 잘 되짚어 미래에 그 상황을 반복하지 않는 지침 돌로 삼으면 좋겠다. 과거의 힘들었던 경험으로 현재와 미래를 지혜롭게 살아가면 과거도 그리움의 시간이 아닌가.

복잡한 일상에서 벗어나 생활을 단순화하는 것이 삶의 군더더기를 걷어내는 일이다. 이제껏 비우고 덜어내는 일을 어렵게 생각했다. 동창회든 모임이든 그 자리에는 내가 있어야 할 것 같고, 같이 어울리지 않으면 소외된 것처럼 느껴졌다. 물론 살면서 꼭 필요한 자리와 만남은 있을 수 있고, 그런 만남을 소홀히 하자는 것은 아니다. 혼자의 시간이 얼마나 소중한지 오랫동안 잊고 살았다. 내 마음이 정처 없이 흔들리고 있는 것은 아닌지, 이 세상에서 중심 없이 살아가고 있는 것은 아닌지, 마음속을 찬찬히 들여다보는 것은 정말 소중한 일이다.

혼자의 시간을 갖는다는 것은 홀로 선다는 것이다. 인간은 어차피 홀로서기가 아닌가. 복잡한 현대사회에서는 홀로서는 삶이 더욱 필요하다. 하지만 내가 얼마나 홀로서기에 익숙해 있는지 의심스럽다. 진정한 인간으로 홀로서기를 위해서는 불필요한 관계를 털어버리고, 마음을 비우는 것이 또 다른 충만을 이룰 수 있지 않을까.

비우고 덜어내니 그 자리에는 이전에 느껴보지 못했던 귀하고 아름다운 것으로 채워진다. 바쁘다는 핑계로 소홀했던 가족과의 대화의 시간이 소중하게 자리한다. 조용한 밤에 혼자만의 명상이 하루를 돌아볼 수 있는 계기가 되고, 인생의 지혜를 주는 독서가 마음을 풍요롭게 한다. 주변에서 불필요한 것을 줄이고 정리하니 그 시간에 채워지는 게 모두 보석 같다.

휴대폰을 열었다. 깔끔하게 정리된 화면을 보니 마음이 홀가분하다. '카톡, 카톡' 쉼 없이 울리던 소리도 잠잠하다. 지금껏 무언가에 얽매여 있던 삶이 조금은 여유로워진 것 같다. 사람의 관계에도 여백이 필요하다. 조만간 마음에 쌓여있는 짐도 조금씩 정리해야겠다. 마음의 짐을 정리하는 것도 중요하지만, 정말 좋은 사람과의 관계를 유지하는 것도 중요하다. 인간이기에 아무리 정리하고 지워도 희미하게나마 그 흔적은 남게 된다. 이 밤에는 유난히 법정 스님의 "마음을 열고 비우다 보면 그 비움에서 오는 충만함을 느낄 수 있다."라는 말이 떠오른다. 비워내도 가득 채워질 수 있다면 어둠과 슬픔으로부터도 자유로워질 수 있을 것이다.

잔인한 봄날

며칠 전 지인이 준 수필집을 읽었다. 암으로 먼저 세상을 떠난 아들의 이야기를 풀어낸 아픈 글이었다. 어릴 때 어머니를 여의고 새어머니와 어렵게 자랐지만, 긍정적이고 사회성이 있어 좋은 직장에 취직하고 결혼까지 하였다. 하지만 행복도 잠시일 뿐, 암이라는 무서운 진단을 받으면서 고통으로 병원 생활을 하다 끝내 세상을 등진 아들이다. 세상을 떠날 당시 갓 태어난 손자도 있었다고 한다.

얼마나 기막힌 일인가. 갑자기 남편이 떠나고 덩그러니 남겨진 부인과 어린 아들이 안쓰럽다. 자식을 먼저 보낸 부모의 마음은 오죽할까. 이 사실만으로도 당사자 모두에게 너무나 기가 막히고 가슴이 미어질 일이다. 그런데 부모는 아들의 상도 다

차르기 전에 며느리가 소홀해서 이 같은 일이 생겼다고 한탄을 한다. 거기다 지금은 돌이 지났을 손자도 볼 수 없게 되었다고 땅 꺼지게 한숨을 내쉰다. 작품을 끝까지 읽어보지 않고는 이성적으로 도저히 이해할 수 없는 일이기에 단숨에 읽어 내렸다.

부모는 아들이 암으로 죽게 되자 며느리에게 싫은 소리를 하였다 한다. "이 지경이 되기까지 어떻게 병원엘 안 데리고 갔느냐, 조금 더 신경 쓰지 도대체 뭐 했느냐."고 며느리를 몰아붙였다는 것이다. 이런 이야기를 별것 아닌 것처럼 풀어쓴 대목이 내 마음에 가시처럼 콕 박혔다.

누군가는 그럴 것이다. 만일 그랬다면, 만일 더 빨리 병원에 갔더라면, 만일 시간이 더 주어졌더라면…. 하지만 이런 가정의 비현실적 논리는 아픔을 당한 이에게는 아무런 도움이 되지 않는다. 누구보다 더 아프고 더 힘들고 괴롭고 슬픈 사람한테 위로는 못 할망정 '만일'이라는 말로 상처를 준다는 건 너무나 가혹하지 않은가. 우리는 나름대로 미지의 영역을 가지고 있다. 아내와 남편, 부모와 자식사이에서 형태는 다르지만, 오직 두 사람만이 공유할 수 있는 알 수 없는 흐름이 있다. 이것은 옳고 그름으로 판단될 수 없고, 이성과 비이성으로 구분할 수 없는 것이다. 또한 절대적인 절망과 절대적인 희망이라는 것이 존재할 수 있는 것일까.

절망에 빠진 사람에게는 오히려 격려하고 희망을 줘야 당연한 일이 아닌가. 슬픔의 늪에서 허우적거리고 있을 때, 희망의 밧줄을 던져주기는커녕 그 사람에게 절망의 늪에서 빠져나올 수 없게 밀어 넣는다는 것은 있을 수 없는 일이다. 절망과 희망 사이에 놓였을 때 희망을 바라보되 절망을 바라보지 말라고 하였다. 힘들고 절망의 그림자가 몰려올 때일수록 더 나은 삶에 대한 희망을 품어야만 인간은 현재의 힘든 상황을 이겨나갈 수 있다.

모든 사람은 희망의 빛이 보이지 않는 절망의 늪에 빠질 때가 있다. 허무함과 무기력함은 때를 놓치지 않고 나를 사로잡는다. 극단의 절망에 빠져들면 인간은 운명이라 생각하며 자포자기를 한다. 운명의 잔혹한 힘이 나를 물고 산산조각을 내더라도 저항할 수가 없다. 우리의 힘이란 극히 미약할 뿐이기 때문이다.

살아가면서 결과에 승복해야 할 때가 있다. 승복하라는 말은 포기하라는 것이 아니라, 결과를 인정한 후 다음을 기약하며 더 열심히 나아가자는 의미를 담고 있다. 때로 더는 희망이 보이지 않을 때가 있다. 그럴 때가 살아가면서 가장 두렵다. 하지만 '인간만사 새옹지마'이다. 화가 복이 되기도 하고 행이 불행이 되기도 한다. 희망과 절망 사이에는 아주 얇은 선이 존재하는 것 같다. 우리는 이 얇은 선 사이를 넘나들며 인생을 살아간다. 나 역시 나에게 닥친 어둠이 걷히지 않을까 두렵고 무서웠던 적이 있다. 하지만 어둠도 빛이 있어 존재하는 것이기에 불행 뒤에는 반드시 행복도 있다.

가족이나 사랑하는 사람을 잃었을 때의 상실감은 직접 당해보지 않은 사람은 그 감정을 다 이해하기는 어렵다. 특히 본인 스스로가 나 때문에 이런 일이 생겼다고 자책하고 있는데, 거기다 '만일'이라는 말로 더 큰 상처를 입힌다면 그 죄책감은 배가 되어 마음의 상처는 치명적인 것이 된다.

별것 아닌 말에 아들 상을 시댁 모르게 치르고 하나뿐인 손자의 왕래마저 끊어놓았다며 며느리를 원망하는 부모의 아픈 사연은 생각할수록 아쉬웠다. 물론 잘 나가던 아들을 갑자기 잃은 부모의 심정이 오죽하겠는가. 세상의 모든 것을 다 잃은 것보다 더 아프고 캄캄할 것이다. "며느리가 남편 건강을 조금만 더 챙겼더라면"이라는 서운한 생각은 충분히 할 수 있는 일이다.

슬픔과 상실에 빠져 어떻게 살아갈지 절망하고 있는 며느리에게 책망이 아닌 따뜻한 위로의 말 한마디만 했더라면, 시부모에 대한 며느리의 마음은 조금이라도 완화가 되었을 것이다. 며느리 또한 자식을 잃은 부모의 마음으로 당연히 그럴 수 있겠다고 조금만 이해하면 천륜을 끊는 일은 없지 않았을까.

남을 이해하는 인간적 성숙은 자기중심적 사고에서 벗어나는 일이라 했다. 역지사지易地思之의 심정으로 상대의 입장을 한 번 더 생각한다면, 우리 주변의 소소한 문제들이 눈 녹듯 사라지지 않을까 생각해본다.

아들을 잃고 며느리와 하나밖에 없는 손자 얼굴도 못 보고 지낸다는 글을 읽으며 부모의 마음도 며느리의 마음도 하루빨리 회복되기를 바랐다. 회복할 수 없는 절대적인 절망이란 없는 것이며, 절망 속에서도 행복은 꽃피울 수 있는 것이 아닌가 싶다.

그동안 무심코 지나치던 아까시 꽃이 왠지 새삼스럽다. 어릴 적 아까시 꽃이 필 무렵이면 간식거리로 그것을 따 먹으며 친구들과 들판을 누비고 다니던 기억이 새롭다. 양봉하는 사람들은 이 시기를 기다리면서 건강한 벌을 기르기 위해 최선을 다한다. 유난히 추웠던 지난겨울에는 강추위에 적절히 대처해주지 못한 탓에 많은 벌이 죽었다. 거듭되는 봄비와 강풍과 쌀쌀한 날씨에 벌은 힘들다. 그럼에도 벌은 자연을 거스르지 않고 적당히 순응하며 번식하고 살아간다. 자연은 우리에게 행복과 불행을 동시에 준다. 자연이 주는 희망과 절망을 우리가 어떻게 마음대로 조절할 수 있을까. 봄날은 사람들에게 가장 찬란한 계절이면서 때로 가장 잔인한 계절이기도 하다.

벚꽃이 지기 전에

하늘하늘 나부끼는 벚꽃이 흡사 눈이 내리는 착각이 들 정도로 아름답다. 잠깐이지만 사람들에게 행복을 안겨주고 벚꽃은 지고 있다. 꽃은 피어있을 때가 아름답다지만, 지는 모습도 아름답다. 지는 벚꽃처럼 어머니가 떠나실 때도 참 아름다웠다.

친정어머니가 하늘나라로 가신 지 한 달이 지났다. 몇 년 전 가을에 갑자기 찾아온 아랫배 통증으로 병원을 찾았다. 진찰 결과 아랫배 통증은 별문제가 없는데 생각지도 않은 폐암 말기라는 진단을 받았다.

한순간에 드리워진 검은 그림자는 일 년이 넘는 시간을 견디기 힘든 고통만을 안겨주고 끝내 어머니를 데려가 버렸다. 나는 만삭의 몸으로 어머니 상을 치르고 일주일쯤 후에 출산하였다.

생전에 어머니가 그토록 바라시던 아들을 낳았는데….

제왕절개 수술을 하고 누워 있는 병실에 금방이라도 문을 열고 "수고했다!" 하시며 들어오실 것만 같았다. 그러나 어머니의 모습은 그 어디에도 없다. 나는 수술 후의 통증보다 어머니가 안 계신 빈자리가 더 많이 아파 견딜 수가 없었다. 그 빈자리를 채우라고 어머니는 딸만 셋을 둔 내게 아들을 선물로 주셨나 보다.

며칠 전 삭일朔日이 지났다. 큰언니가 초하루 음식을 차렸다. 아기 때문에 제를 보러 갈 수가 없어 하는 수 없이 남편과 큰딸만 보냈다. 얼마 후 남편은 제가 끝나고 남은 음식을 가지고 왔다. 봉지를 펼쳐 보니 몇 가지의 음식이 소담하게 담겨 있었다. 그때 눈을 깨우는 음식이 있다. 바로 빙떡이다. 빙떡을 보는 순간 가슴이 싸하게 아려 왔다. 빙떡에서 구수한 어머니의 냄새가 났다. 먹어 보지 않아도 마음이 먼저 어머니의 사랑을 느낀다.

메밀가루를 얇게 부쳐 그 위에 털털 버무린 무채를 넣어 말면 소박한 빙떡이 된다. 언니는 무채 대신 어머니의 사랑과 그리움을 넣어 빙떡을 말았나 보다. 꾹꾹 눌렀던 그리움이 빙떡 한 입에 왈칵 쏟아져 목이 메어 온다. 언니에게 전화를 걸었다. 언니 역시 내 마음과 다르지 않았다.

생전에 어머니는 제사나 명절 같은 일이 있을 때는 어김없이 빙떡을 만드셨다. 빙떡은 번거롭고 손이 많이 가서 웬만한 정성이 아니면 만들기 힘든 음식이다. 하지만 어머니는 정성껏 빙떡을 만들어서 오는 사람마다 맛보라며 내놓으시고 조금씩 싸서 드리곤 했다. 그다지 고급스럽지도 유별나지도 않은 음식이지만, 정성으로 빚은 빙떡을 조금이나마 나누고 싶은 어머니의 마음일 것이다.

어머니의 손맛은 특별함이 있었다. 별다른 양념이 없어도 어머니의 손을 거치면 어떤 음식도 맛깔스러워진다. 특히 어머니가 담은 된장은 동네에서도 그 맛을 인정해주었다. 장맛을 보면 그 집의 음식 맛을 알 수 있다고 한다. 푹 삭힌 된장의 깊은 맛만큼이나 어머니에 대한 그리움도 깊어갔다.

사월이 오면 고사리가 한창이다. 어머니는 발품을 팔아서 크고 도톰한 고사리를 꺾어 오셨다. 어릴 때 나는 고사리를 싫어했다. 지렁이처럼 생긴 걸 먹는다고 하니 영 내키지 않았다. 그런데 어머니께서 갓 꺾은 고사리를 삶아서 유채 기름에 살짝 볶아주니 얼마나 맛이 있던지 그 후로 고사리 반찬을 좋아하게 되었다. 오늘따라 그 맛이 사뭇 그립다.

어머니가 계실 때는 그 자리가 얼마나 소중한지 잘 느끼지 못했다. 어머니는 언제나 '어머니'라는 이름으로 내 곁을 지켜줄 거로 생각했다. 어머니가 암과 싸우며 병원에 누워 계실 때도 내일이면 아니, 금방이라도 일어날 것만 같았다. 꼭 그럴 거라고 믿고 싶었다. 아주 많이 힘들지만 꼭 이겨낼 거로 생각했다.

하지만 어머니는 끝내 암을 이겨내지 못했다. 어머니가 돌아가시고 오일장을 치르면서도 나는 그렇게 쉽게 울지 않았다. 배 속의 아기를 생각해서 억지로 눈물을 참기도 했지만, 그것보다는 어머니의 빈자리를 인정하고 싶지 않은 까닭이 더 컸으리라. 아직도 가슴에는 따뜻한 체온이 느껴지는데 어머니는 그 어디에도 없다.

어머니를 차가운 땅속에 묻고 발길을 돌리려 하니 가슴이 미어졌다. 하늘도 내 마음을 헤아리는지 지금껏 참았던 눈발이 눈물을 대신해 하염없이 흩날렸다. 어디서 날아왔는지 까마귀 떼가 어머니의 죽음을 애도하듯 저리도 울어댄다. 어머니는 나와 한 몸이었다가 이제는 서로 갈라져 다른 몸이 되어 누워계신다.

한 몸이었다

서로 갈려
다른 몸 되었는데

주고 아프게
받고 모자라게
나뉘일 줄
어이 알았으리.

쓴 것만 알아
쓴 줄 모르는 어머니.
단 것만 익혀
단 줄 모르는 자식.

처음대로
한 몸으로 돌아가
서로 바꾸어
태어나면 어떠하리

—김초혜, 「어머니」 전문

어머니와의 끈이 얼마나 모질고 긴지 그 끝 간 데를 알 수 없다. 하루가 가고 한 달이 가고 시간이 쌓일수록 어머니에 대한 그리움도 깊어만 간다. 생각만으로도 마음은 천 길 낭떠러지로 가라앉는다. 부모에게 효도하려면 살아 있을 때 그 마음을 다하라고 하는데, 만삭의 몸으로 간호 한번 제대로 못 해 드린 게 마음 한구석에 늘 미안함으로 남는다.

벚꽃이 다 지기 전에 저 아름다운 풍경을 마음에 담아야겠다. 떨어지는 벚꽃 하나하나에 어머니의 발자국이 새겨지듯 절절한 그리움을 함께 묻었다가 내년 이맘때 다시 펴놓아야겠다.

억새의 노래

오랫동안 노래를 잊고 살았다. 요즘 유행하는 노래가 무엇인지, 잘나가는 가수가 누군지 모른다. 최고의 인기를 누리고 있다는 아이돌 그룹의 노래는 들어봐도 헷갈려 도무지 무슨 소리인지 알 수 없다. 이제 내 나이도 가을로 접어드는구나 싶어 왠지 쓸쓸한 마음이 든다.

3박 4일 일정으로 교육이 있어 오랜만에 육지 나들이를 하게 되었다. 처음 가보는 지역이라 긴장되었지만, 가을에 어디론가 떠난다는 자체만으로도 마음이 설레었다. 산자락에 자리한 교육원은 깊어가는 가을 단풍과 어우러져 고즈넉한 분위기를 자아냈다. 교육원 바로 앞에 보이는 지리산 노고단의 풍경도 익어가는 단풍처럼 잔잔하게 마음을 물들였다.

아침 여섯 시면 기상 음악이 흘러나왔다. 첫째 날은 긴장한 탓에 음악이 그다지 와닿질 않았다. 둘째 날, 나지막하게 흘러나오는 음악을 듣는 순간 가슴이 뛰었다. 평소 같으면 잠에 취해 잠자리에서 미적거리겠지만, 잠자던 세포들이 한순간 와르르 일어나는 느낌이었다.

산속 조용한 교육원에서 이른 아침에 듣는 노래 가사 하나하나가 평온한 호수에 작은 돌멩이를 던져 놓은 듯 마음에 고요한 파문이 일어난다. 음악 소리에 반사적으로 벌떡 일어나 앉아 노래를 음미했다. 노래가 이렇게 사람의 마음을 움직일 수 있다는 사실을 정말 오랜만에 느껴본다. 가슴이 두근거린다. 결혼해서 아이를 낳고 직장생활하면서 정서가 많이 메말라 버린 것 같아 슬프지만, 이 순간은 말로 표현이 안 될 만큼 좋다. 말라있던 마음에 강물이 흐르는 것처럼 눈가가 젖어온다. 누구의 노래인지 제목이 뭔지도 모르면서 무작정 들었다.

나도 한때는 꿈 많은 소녀였다. 노래도 좋아하고, 여행과 독서도 좋아했다. 사람들 만나서 수다 떨기도 좋아하던 소녀였는데, 어느새 중년의 여인이 되어 버렸다. 상처 난 가슴은 때로 견딜 수 없는 아픔에 지치고, 눈물이 차오르는 밤에는 날이 하얗게 새도록 자신을 원망하기도 했다. 살아온 흔적을 말해주듯 흰 머리카락이 하나둘 돋아난 자리에는 서러움이 피어올랐다.

결혼한 지 이십 년이 가까운 지금, 꿈 많던 시간은 어디로 가버렸는지 모르겠다. 네 명의 아이와 시어머니를 모시고 살다 보니 꿈과 낭만은 긴 세월 속에 묻혀버린 건 아닌지. 중년 여인은 누구에게도 자신의 삶을 묻지 못하고 하루하루 시들어가는 모습이 안타까워 눈물짓는다. 그렇지만 살아온 날들이 아름다운 장미처럼 화려하진 않아도 초라하게 살지도 않았다. 내 꿈과 낭만이 소리 없이 시들어가는 동안 세상 어디에도 없는 귀한 네 송이의 예쁜 꽃을 피워냈다. 엄마라는 또 다른 이름으로 흐트러짐도 넘어짐도 없이 거친 들판을 초연히 걸어왔다.

가슴을 뛰게 만든 노래가 끝날 때까지는 고작 이 분여의 짧은 시간이었지만, 무척이나 긴 삶의 여정을 되돌아본 것 같았다. 묻혀있던 시간이 가슴 속 어딘가에서 꿈틀대며 깨어나는 느낌이 들고, 잊고 살았던 소녀 때의 감정이 한꺼번에 밀려왔다.

중 · 고등학교 시절 좋아하는 가사와 가수를 수첩에 적어 달달 외우던 기억이 새롭다. 발음도 안 되면서 팝송을 따라 부르고, 곱게 물든 단풍잎을 책갈피에 끼웠다가 예쁘게 마르면 그 위에 편지를 써서 친구에게 주었던 일들이 아직도 선명하다. 시간이 흘러도 추억은 그대론데 몸과 마음은 퇴색해버린 단풍

잎처럼 저물어 있다.

숙소를 나와 계곡의 물가에 앉아 흐르는 물을 바라본다. 물 위로 단풍잎이 유유히 떠내려간다. 내 마음도 강물에 띄웠다. 중년의 여인은 강물을 내려다보며 소곤소곤 속삭인다. 흘러가는 물에 과거를 이야기하고 흘러오는 물에 오늘을 이야기한다. 물은 그냥 흘러가 버리니 기억하지 못한다. 그렇지만 둘이서 나누는 소곤거림은 영원할 것이다. 지금 여기에 서 있다는 것의 의미는 무엇일까. 귀밑머리가 희어가는 어느 중년 여인을 바라보면서 강물은 무슨 생각을 할까.

강물이 흘러가는 움직임에 보조를 맞추듯 강가에서 억새가 하늘하늘 흔들린다. 억새는 영원한 생명력을 지니고 있다. 부드러운 바람에 쓰러지고, 햇살에 눈부시게 빛나는 억새는 가을 낭만을 안겨준다. 춤을 추듯 흔들리는 억새는 부드럽지만 강하다. 작은 바람에도 꺾이지 않으며, 숱한 시련 속에서도 강인한 생명력을 지니고 있다. 약하면서도 질긴 생명력을 가지고 있는 억새가 형형색색의 이미지를 연출한다. 연약하면서도 청초한 그 모습은 가슴앓이를 하는 사람의 마음을 편안하게 해준다.

비록 낭만이 있는 가을 여행이 아니라 며칠간의 교육 시간이었지만, 그날 이후로 계속 가슴은 설레고 심장은 뛰고 있다. 그동안 자신과 노래를 잊고 산 나에게는 그 어떤 여행보다도 의미 깊은 시간이었다. 나를 깨워준 노래를 찾아보았다. 가슴에 와 닿던 가사 몇 마디를 기억하며 인터넷을 검색해서 제목과 가수를 알아냈다.

어느새 중년의 나이가 되었는가. 중년의 허기를 어찌할 수 없다. 브레이크가 고장 난 자동차처럼 앞만 보고 열심히 달려온 일상에 잠시 쉼표를 찍을 때가 온 것 같다. 아침이슬을 맞아도 고이 향기를 간직하는 들꽃처럼 언제라도 자신을 가꾸며 노래하는 고운 중년 여인이고 싶다. 비록 아무도 나를 기억하지 못할지라도 이 세상을 부여안고 살아온 지난 삶을 하나둘 끌어안으며 나 자신을 더욱 사랑하는 아름다운 사람으로 남아야 할 것이다.

노을이 참으로 곱다. 내 황혼의 노을도 저리 곱고 아름다우면 좋겠다. 떠오르는 태양보다 지는 석양이 더욱 아름다운 것은 욕심을 버리고 남은 삶의 발걸음이 가볍기 때문일 것이다. 그동안 내 것을 채우고 허기를 채우기 위해 세상을 무겁게 살며 늘 헤매고 다니지 않았던가.

마음의 짐을 비우고 내려놓으니 새털처럼 가볍다. 시린 가슴을 더욱 시리게 하는 눈물 나는 날에는 가까운 오름에 올라 누렇게 익은 억새와 함께 춤사위라도 벌이고 싶다. 억새와 함께 내일을 향해 힘차게 달려갈 수 있는 노래를 마음껏 불러야겠다.

할머니의 부채 청산

아이들 방문을 열면 제일 먼저 할머니의 영정 사진이 내 시선을 붙잡는다. 할머니는 웃는 듯 잔잔한 미소로 금방이라도 말을 건넬 듯 나를 빤히 쳐다보신다. 울컥한 마음에 그 눈길을 피해 보지만, 자석 같은 끌림에 못 이겨 내가 먼저 말을 건네고 만다. “할머니, 잘 계시지요?” 그러나 할머니의 정겨운 목소리는 오간데 없고 싸늘한 바람만이 텅 빈 내 마음을 휙 스치고 지나간다.

무심히 켜놓은 TV에서 뉴스가 한창이다. “서울 모 주택에 화재가 발생했는데, 할머니가 잠자고 있는 손주를 살리고 자신은 미처 빠져나오지 못해 끝내 숨졌습니다.” 마치 나 자신이 화제의 현장에 있는 것처럼 화끈거리는 마음을 한 방울의 눈물로 식혀 본다. 할머니의 손자에 대한 끝없는 사랑, 바로 우리 할머니의 모습이다.

몇 개월을 꼭꼭 눌러 왔던 할머니의 사랑이 봄기운에 새순 돋듯 걷잡을 수 없이 삐져나온다. 할머니는 든든한 나의 버팀목이었다. 친손녀도 아닌 손자며느리에게 아낌없이 주고, 보듬어 안고, '착하다'라는 말이 일상이 되어버렸다.

우리 애들 또한 할머니의 사랑을 먹으며 자랐다. 나는 초보 엄마라 아이 돌보기에 익숙하지 못했다. 할머니의 다정한 손길 따라 순해지는 아이의 모습을 보면서, 아이도 할머니의 모습같이 자라길 빌었다.

팔십칠 세의 나이가 무색할 만큼 할머니는 건강하셨다. 젊은 시절 해녀 일을 하면서 귀가 조금 막은 것 외에는 특별히 몸이 아파 병원을 찾는 일은 없었다. 할머니는 목욕을 아주 좋아해서 나와 애들이 목욕 갈 때면 항상 같이 가곤 했다. 그렇게 정정하던 할머니께서 덜컥 병을 얻으셨다.

병원비 걱정을 해서인지 병을 인정하고 싶지 않은 건지 병원 가는 걸 극구 사양하는 할머니를 모시고 억지로 병원을 찾았다. 살아온 세월만큼이나 쌓인 게 많은지 여러 시간이 지나고 나서야 진찰 결과가 나왔다. 허파에 자꾸 물이 고여 움직임이 있을 때마다 숨이 차오르는 폐부종이라 한다.

노인네 건강은 누구도 장담 못 한다고 하지 않던가. 할머니가 방안 생활을 하게 되면서 병은 점점 악화되어 갔다. 그러나 여느 할머니 같으면 병 시중을 받을 텐데, 할머니 특유의 고집과 완고함으로 돌아가시는 그날까지 악착같이 혼자서 뒤처리를 하셨다.

어느 날 아침이었다. 화장실 문을 열어 보니 할머니의 의지에 한계가 오셨는지 여기저기 널려있는 잔해 물들과 물에 빨았던 흔적이 역력한 할머니의 옷가지들이 힘을 잃은 새의 날개처럼 축 늘어져 있었다. 할머니는 자는 나에게 방해가 될까 봐 아픈 몸으로 밤새 일 처리를 하신 것이다.

며칠 전부터 할머니의 신음이 잦아졌다. 걱정이 앞선 나는 병원 가기를 간곡히 권유했지만 돌아오는 대답은 한결같았다. 평소에도 병원을 무척이나 꺼리셨는데 병이 깊은 지금도 마찬가지니, 할머니가 원하는 데로 해 드리는 것도 하나의 도리라 생각하며 애타는 마음을 달래본다.

그렇게 며칠을 앓던 어느 날 밤, 할머니의 신음이 유난히 내 가슴을 파고들었다. 편치 않은 마음에 시계를 보니 자정이 훨씬 지나있었다. 한 번 들여다볼까 하다가 오늘 밤도 무사하리란 바람으로 그냥 지나쳤다. 그것이 마지막이었다.

아침이 되어 식사를 준비하고 할머니 방으로 갔다. "할머니, 식사하시고 약 드세요" 아무런 반응이 없다. 순간 확 올라오는 긴장감에 상을 든 두 손이 파르르 떨려온다. 얼른 상을 내려놓고 할머니의 얼굴을 보니 평소와는 사뭇 다른 모습으로 조용히 눈을 감고 계셨다.

> 할머니의 삶은 이제
> 좀처럼 쉽게 구부려지지 않는 팔을 벗어나
> 두툼한 손끝의 결실 쓰디쓴 세월 유자 같은 것
> 거친 기침 소리로 늙어버린 할머니의 바람이
> 골다공증 가지 위에 내려앉아 그윽하게 밤을 흔들면
> 풀 비린내 나르던 실핏줄 잎맥 허옇게 말라버린 잎사귀
> 마지막 만찬을 하듯 닿을 수 있는 공간까지
> 천천히 입을 벌려 어둠을 서걱서걱 베어 문다
>
> —강연옥, 「부채일시상환」 일부

할머니는 세상을 향해 나를 향해 할머니 자신을 위해 부채를 갚는 마음으로 조용히 눈을 감으신 것이다. 내가 시집오면서 할머니를 모신 지 십삼 년이 지났다. 이십 대에 홀로되어 삼 남매를 키우며 구십여 평생을 고생으로 마감하신 할머니이다.

미운 정 고운 정 들여놓고 무심히 떠나가신 할머니의 빈자리지만, 내게 보여주신 한없이 헌신적인 사랑을 조금씩 채워 가련다. 이 밤, 할머니를 그리며 글을 쓰는 소리가 작신작신 내 마음에 자리한다. '사랑하는 할머니, 부채는 할머니가 아니라 제가 갚아야 하겠는걸요!' 마음으로 외치는 이 소리가 멀리 아주 멀리 날아가 할머니의 마음에 꼭 닿을 수 있기를 간절히 빌어본다. 창 밖에는 추적추적 비가 내리고 있다.

꼬마 땅꾼

어릴 적에 "산딸기 있는 곳에 뱀이 있다고 오빠가 말해도 난 안 속아."라는 노래를 부르며 다닌 기억이 난다. 오빠가 산딸기가 있는 곳에 우리를 데리고 가지 않은 것은, 산딸기를 혼자 따먹기 위해서였는지 아니면 뱀이 있는 위험한 곳에 우리를 데리고 가지 않으려 한 것인지 알 수 없지만, 이제는 뱀이 있는 곳이 많이 사라져 가고 있다.

뱀은 십이지 동물 중 여섯 번째 동물이자 유일한 파충류이다. 뱀은 헤엄칠 수 있는 지느러미, 달릴 수 있는 다리, 날 수 있는 날개가 없어도 '다리 없는 뱀이 강하다.'는 말이 있을 정도이다. 지혜와 의술을 상징하는 뱀은 유래도 길다. 이야기 속에서 가장 오래된 뱀은 천지 창조 때, 아담과 이브에게 선악과를 먹게 해

에덴동산에서 쫓겨나게 만든 뱀이 아닐까 싶다. 그렇다면 뱀은 천성적으로 인간과 가까운 동물인지 모른다.

꾸물꾸물 기어가는 뱀의 모습만 보고도 사람들은 질겁한다. 다리도 없으면서 비늘만 있는 복부의 움직임만으로도 제법 빠르다. 겨울엔 땅속에서 잠을 자다가 봄이면 쑤욱 고개를 쳐들고 나타나 우리를 공포에 떨게 한다. 제주에서는 뱀을 '칠성'이라 부르며 신성시한다.

어린 시절을 시골에서 보낸 나는 장소를 불문하고 불쑥불쑥 나타나는 뱀을 보며 기겁을 하고 달아난 일이 한두 번이 아니다. 심지어 길을 걸을 때도 뱀이 있나 살펴야 하고 화장실이 아닌 곳에서 어쩌다 용변을 볼 때도 경계심을 늦춰서는 안 되었다. 이렇듯 뱀을 자주 접하다 보니 조금은 익숙해져서 무서움을 덜 느끼긴 하지만, 그래도 여전히 뱀의 존재는 공포의 대상일 수밖에 없었다.

여섯 살쯤 된 여름이었다. 시골에는 새마을 운동이 한창 전개되어 그 여파로 많은 초가지붕이 하나둘씩 사라져 갔다. 하지만 우리 집은 미처 초가집을 벗어나지 못하여 뱀이나 쥐가 살기에는 최적의 조건이었다. 유난히 더위가 기승을 부리는 날이었다 부모님은 들에 일하러 나가고, 작은오빠와 막냇동생이 함께 있게 되었다.

동생을 잠재우기 위해 마루 가운데 앉아 아기구덕(아기흔들침대)을 사이에 두고 밀고 당기기를 반복하며, 매미의 합창 소리에 뒤질세라 자장가를 목청껏 부르고 있었다. 바로 그때였다. 허름한 마루의 천장을 뚫고 커다란 구렁이가 어른 주먹만 한 쥐를 칭칭 감고 내 오른쪽 발등을 스치며 아기구덕 옆으로 '쿵' 하고 떨어지는 게 아닌가!

화들짝 놀란 오빠와 나는 정신을 가다듬고 상황수습에 들어갔다. 애써 침착하며 오빠가 다급하게 말했다. 뱀이 쥐를 물고 있으니 해치지는 못할 거라며 나를 안심시킨 후, 오른발을 천천히 움직여 뺀 다음 재빨리 자리를 이동하라고 한다. 시선을 뱀에게 고정하고 느리지만 재빠르게 움직여 발을 빼냈다. 그리고는 아기구덕을 뱀 곁에서 멀리 떼어 놓았다.

작은오빠는 아기를 등에 업고 나를 재촉하며 마을에 있는 초등학교 운동장으로 정신없이 뛰어갔다. 운동장에 도착하자마자 비 오듯 쏟아지는 땀을 훔칠 여유도 없이 축구를 하는 둘째 오빠에게 조금 전에 벌어진 상황을 설명했다. 이야기를 들은 오빠와 일행은 재미있는 구경거리에 호기심을 감추지 못하고 사고 현장으로 와르르 몰려갔다. 현장에 도착하니 마루에 있어야 할 뱀이 감쪽같이 자취를 감춰버렸다.

당시 둘째 오빠는 초등학생이었는데도 불구하고 뱀을 무서워하지 않고 잘 다뤘다. 오빠의 눈에 띈 뱀은 거의 살아남지 못했다. 오죽하면 동네 아이들 사이에서 '꼬마 땅꾼'이란 별명이 붙었을까. 꼬마 땅꾼이 나타난 이상 구렁이를 잡는 건 시간문제였다.

꼬마 땅꾼의 명령에 따라 몇 팀으로 나눠 구렁이를 찾기 시작했다. 잠시 후 안방으로 파견된 팀이 다급한 목소리로 찾았다는 신호를 보내왔다. 모두 숨죽이며 안방으로 몰려가 보니 구석에 놓여있는 바구니 틈으로 문제의 구렁이가 어렴풋이 보였다. 조심스럽게 바구니를 당기니 배가 불룩한 구렁이가 똬리를 틀고 달콤한 휴식을 취하고 있었다.

구렁이를 찾았으니 꼬마 땅꾼이 나설 차례다. 구경꾼들은 호기심에 찬 눈으로 다음 상황을 상상하기에 여념이 없다. 방구석에 똬리를 틀고 있는 구렁이를 향해 살금살금 다가간 꼬마 땅꾼이 긴 막대를 이용해 구렁이를 살살 간질인다. 포만감에 젖어 휴식을 취하던 구렁이는 귀찮은 듯 천천히 움직이기 시작한다.

구렁이가 움직이기 시작하자 당황한 구경꾼들이 앞다투어 도망간다. 기회를 보던 꼬마 땅꾼이 구렁이 꼬리를 홱 낚아챔과 동시에 큰 원을 그리며 돌리기 시작한다. 그 원을 따라 아이들의 시선도 같이 돌아간다. 얼마나 지났을까. "모두 빨리 피해라!"는 외침과 함께 커다란 구렁이는 사정없이 마당으로 내동댕이쳐졌다. 후다닥 맨발로 뛰쳐나간 꼬마 땅꾼이 구렁이가 채 정신을 차리기 전에 같은 방법을 몇 번 더 시도한다.

뜨거운 태양 아래 마침내 구렁이가 축 늘어졌다. 더는 반항할 힘이 없어 보인다. 모두가 꼬마 땅꾼의 승리를 환호하며 마무리 단계에 들어갔다. 정신을 잃은 구렁이를 비료 포대에 담아 꽁꽁 묶어 갖다 버림으로써 한여름의 구렁이 소탕 작전은 막을 내렸다.

제주 사람은 뱀을 잘못 건드려 죽이기라도 하면 큰 재앙이 닥친다고 생각해 신성시 여겨왔다. 특히 집에서 사는 뱀을 '업' 또는 '장업주'라 하여 절대 죽이지 말라고 했다. 시도 때도 없이 출현하는 뱀이 무섭고 징그럽던 시절이 아득하다. 요즘은 뱀을 보려면 동물원이나 가야 볼 수 있을 정도로 많이 줄었다. 농약을 너무 많이 사용하고 무분별하게 개발이 되면서 생태계가 점점 파괴되고 있다. 이런 속도로 가다간 인간의 생명도 보장받지 못할 것이다. 이제는 뱀처럼 구불구불한 올레길도 거의 볼 수 없게 되었다. 뱀과 곤충과 새들이 사라진 숲이 얼마나 허망한가.

세월이 흐른 지금, 칠성을 건드리고도 아무런 재앙이 없는 꼬마 땅꾼이 신기하다. 아마 꼬마 땅꾼의 알 수 없는 기운이 칠성을 이겨낸 게 아니었을까? 다시 봄이 왔다. 겨울잠을 자던 칠성이 고개를 쑥 내밀고 내 앞에 나타나지 않을까 하는 두려운 생각이 들어 괜히 주변을 두리번거린다.

끈

가족은 태어나면서 맺어지는 관계이다. 슬픔도 기쁨도 행복도 고통도 나눌 수 있고 세상 무엇과도 바꿀 수 없는 끈끈한 정으로 뭉쳐진 가족이라는 이름, 그 이름이 이 순간은 왠지 낯설다.

금융 업무를 하다 보면 우리가 예측할 수 없는 사건 사고가 잦다. 하지만 얼마 전에 겪은 일은 너무 황당하고 씁쓸하다. 머리는 이해하라 하는데 마음은 받아들이질 않는다. 이럴 때 '판관 포청천'이 나타나 시원하게 심판을 내려주었으면 하는 생각을 하며 흐트러진 마음을 다잡아본다.

근무지가 시골이라 그런지 고객 한 분 한 분과 마음을 트고 살갑게 지낸다. 그 집 사정이며 가족관계, 자식이 하는 일과 어르신 건강은 어떤지, 심지어 같이 살지 않는 자식보다 내가 더 자세히 알고 있는 집도 많다.

'밤새 안녕'이란 인사가 있다. 살아갈수록 그 인사의 의미가 깊음을 실감하는 건 나이가 들어가는 표시인 듯하다. 나이 들면 자식들 속 썩이지 않고 잠자다가 죽는 게 소원이라고 말한다. 하지만 가신 분도 남아 있는 가족도 마지막 이별 인사를 못 하는 것은 가슴 아픈 일이 아닐 수 없다.

얼마 전 심장마비로 돌아가신 아주머니도 밤새 안녕이란 인사가 무색하다. 돌아가신 분의 아들과 남편이 동창이면서 고향 친구라 평소에도 고객이 아닌 어머니처럼 대했다. 나이 팔순이 다되어 돌아가셨지만, 평생 자식을 낳아보지 못하고 재가한 집의 자식을 친자식 이상으로 키우신 분이다. 아들 또한 낳아주신 어머니가 어릴 때 돌아가셔서 인자하고 정이 많은 새어머니를 친어머니 이상으로 모셨다.

재혼한 남편이 돌아가시고 자식은 분가해 농촌에 홀로 살았다. 가끔 용돈이 필요하면 은행 창구에 오셔서 찾으시고 물질과 밭일로 시간을 보내곤 했다. 한가한 날이면 커피 한잔하며 살아온 인생 이야기도 넋두리처럼 늘어놓았다.

사망한 고객의 거래는 상속 절차를 밟아야 한다. 어찌된 일인지 돌아가신 지 한참이 지났는데 소식이 없다. '남편도 안 계시고 자식도 남매뿐이라 간단할 텐데….'라고 생각하는데 아들의 전화가 왔다. 상속 절차를 밟는 중 예상치 못한 문제가 생겼다고 한다.

돌아가신 어머니와 전남편과의 사이에 갓난이 때 입양한 자식이 있다는 것이다. 자식을 입양하고 얼마 살아보지 못하고 지금의 남편과 혼인신고를 했다. 무지했던 어머니는 낳은 자식이 없고 전남편과 이혼하고 재혼한 남편과 혼인신고까지 해서 입양한 자식과의 연은 끝난 줄 알았나 보다. 심지어 아기 때 본 후 삼십 년이 넘도록 얼굴도 본 적 없고 소식조차 없이 지냈다니 이해가 간다.

어머니의 유산을 정리하다 불쑥 튀어나온 과거의 연으로 얽혀진 관계가 얼마나 황당한가? 아들은 어머니 호적에 올라있는 얼굴도 모르는 상속인을 찾아 어머니가 돌아가신 사실을 알리고 유산 정리에 협조를 구했다. 정리가 끝나면 절반을 주겠다 하니 흔쾌히 받아들였다. 하지만 호적상 아들은 절차를 밟다 보니 욕심이 생겼는지, 처음 한 약속은 온데간데없고 법적 절차를 밟아 혼자 처리를 하러 왔다. 밭이며 예금이며 가입한 보험이 상속 대상이다. 다행히 보험은 사망 시 상속인을 호적상 아들이 아닌 가슴으로 키운 아들로 해서 별문제 없이 해결했다. 예금과 밭이 문제다.

한푼 두푼 모은 망인의 전 재산이 손 한번 써보지 못하고 얼굴도 모르는 상속인에게 고스란히 넘어갔다. 내 마음이 이렇게 아픈데 삼십 년 이상을 어머니로 모신 아들의 마음은 어떨까 생각하니 가슴이 저민다. 업무처리를 하는 동안 호적상 상속인의 태도에 더 화가 났다. 혹시나 예금을 찾지 못할까 불안한지 안절부절못하며 "일처리가 왜 이리 늦느냐, 현금으로 다 주라."는 등 망인에 대한 고마움이나 슬픔은 찾아볼 수가 없었다. 보험도 찾겠다는데 보험은 상속인이 정해져서 드릴 수 없다 했더니 버럭 화를 낸다. 오직 돈에만 관심이 있을 뿐이다.

'어처구니없다.'는 말이 실감 난다. 참다못해 내가 한마디했다. "돌아가신 분이 먹을 거 입을 거 아껴가며 모은 돈이니 소중히 생각해주셨으면 좋겠어요." 그 한마디라도 해야 망인에게 조금이나마 덜 미안할 것 같았다.

법적으로는 가족이라지만, 얼굴도 모르고 사는 곳도 모르는 가족이 과연 어떤 의미가 있을까. 돌아가신 줄도 모르고 장례식 참석도 못 한 사람이 상속인이라는 법적 관계 때문에 평생을 모아둔 재산을 몇 시간도 안 걸려 찾아간다는 것이 말이 되는

가. 일말의 고마움이나 양심도 없이 말이다.

현대사회에서는 인간다운 윤리와 도덕보다는 이기심과 욕망이 더 앞선다. 부모와 자식 간의 관계에서도 마찬가지다. TV 화면을 가득 메우는 자식이 부모를 살해했다는 뉴스는 듣기만 해도 씁쓸하다. 돈을 안 준다는 이유로 나이든 부모를 살해했다는 건 결코 있을 수 없는 일이다.

인간다운 삶을 위해서 필요한 것은 무엇인가. 갈수록 인간다운 삶이 퇴색되어 가고 있다. 인심이 좋다는 시골에서조차 공동체적인 삶의 모습이 사라져 가고 있다. 가족보다는 돈을 더 중요시하면서 인정은 점점 메말라가고 가족의 중요성도 간과되고 있다.

영혼과 정신이 상실된 삶이 과연 얼마나 행복할까. 정신이 파괴되면 물질도 결국 파괴되고 만다. 정신이 올바르게 서야 물질도 바로 서고 인간다운 삶이 유지될 수 있다. 진정한 정신은 나를 낮추는 것이 아니라 상대를 소중하게 생각하고 존중해 주는 것이다.

낳아준 어머니는 아니지만, 평생을 어머니로 모시고 살아온 아들과 통화를 했다. 속은 상하지만 어쩔 수 없는 일이 아니냐고 말한다. 자기가 속상해하면 저세상에 계신 어머니가 편히 눈을 감지 못할 거란다. 그 말을 들으니 씁쓸한 내 마음이 조금은 풀리는 듯하다. 이런 마음이 진정한 가족의 사랑이 아닐까! 인간의 탐욕으로 생기는 욕심의 끝은 어디일지 깊은 회의가 드는 하루였다.

수의壽衣 널기 좋은 날

며칠 전, 육십 대 후반 정도 되신 아주머니 한 분이 객장客場으로 들어왔다. 평소 안면이 많은 동네 아주머니다. 통장을 내밀며 육지에 사는 아들이 돈을 송금했을 거라며 확인해달라고 한다. 통장에는 제법 많은 돈이 들어와 있었다.

아주머니는 돈이 들어온 사연을 천천히 설명한다. 추석에 육지에 갔다가 수의壽衣 이야기를 조심스럽게 꺼냈더니 아들이 선뜻 돈을 보내왔다는 것이다. 말하는 아주머니의 얼굴에는 기쁜 듯 슬픈 표정이 교차하며 내 마음마저 흔들어 놓았다.

벌써 십 년의 세월이 지났다. 가을볕이 좋고 바람이 적당히 부는 날이면 친정어머니는 수의를 꺼내어 이리저리 볕에다 말리셨다. 나는 처음 보는 옷이라 궁금한 마음에 어머니께 물었더니 '수의'라고 말씀하셨다. 그 말을 듣는 순간 기분이 묘해지면서 마음 한구석에 슬픔의 기운이 가득 밀려왔다. 어머니의 얼굴을 찬찬히 바라봤다.

수의는 염습殮襲할 때 주검에 입히는 옷이 아닌가! 그런 옷을 멀쩡하게 살아 계시는 어머니가 손수 만지는 걸 보니 나는 괜히 마음이 상해서 어머니께 한마디했다. "어머니는 뭐가 그리 급하다고 벌써 수의를 만들었어요?" 하지만 어머니는 묵묵히 수의만 볕에 널 뿐 아무런 대답이 없다. 지금 생각해보면, 그때의 어머니 표정이 며칠 전 내가 객장에서 만난 아주머니의 표정과 흡사하다. 어머니의 마음은 나보다 훨씬 더 슬프고 아팠을 것이다.

몇 시간 볕을 쬔 후 어머니는 수의를 들여다 정성껏 개었다. 손으로 펴고 또 펴고 행여나 구김이 갈까 매만진다. 어머니가 수의를 만지는 손길에는 지난 삶에 대한 아쉬움과 그리움을 깨끗이 달래고자 하는 마음이 묻어난다. 수의를 만지는 눈길에 설움이 저녁 안개처럼 뿌옇게 일어났다. 부모님이 어느새 죽음을 맞이해야 할 시간이 다가온 것만 같아 가슴이 아려온다.

그 후로도 어머니는 가을볕이 좋은 날이면 수의를 양지바른 곳에 널곤 했다. 좀이 쏠지 않게 하는 것이라지만, 수의를 꺼낼 때마다 올 한 해도 무사하기를 기원했을지 모를 일이다. 수의를 지으면서 무슨 생각을 하셨을까? 자식이 많은데도 부모님의 마음을 헤아리는 사람이 한 명도 없었으니 말이다. 내가 조금만 철이 들었어도 어머니가 수의를 손수 짓게 하지는 않았을 텐데….

몇 년을 매만지던 그 옷을 입고 어머니는 먼 세상으로 떠나셨다. 주검 앞에 당도했을 때, 나는 거의 혼절 상태로 어머니를 만났다. 나무토막처럼 누워있는 어머니에게 삶과 죽음의 경계는 사라지고 없었다. 망자를 데리고 가는 하늘 문을 가로막겠다는 듯이 슬픔과 울부짖음은 폭풍처럼 밀어닥쳤다. 죽음의 사자는 왜 착하고 아름다운 사람을 먼저 저세상으로 데리고 가는 것일까. 어머니는 대체 어디로 가고 있는 것인지.

그저 어머니가 극락왕생하시길 빌며 장례를 지냈다. 어머니는 수의를 준비함으로써 큰 걱정 하나 덜어낸 듯 마음이 가벼웠을 것이다. 그런 어머니의 마음도 헤아리지 못한 채 던졌던 철없는 질문이 다시 살아나 마음을 한없이 서럽게 한다.

어머니와의 영원한 이별을 생각하니 이 세상에 존재하지 않는다는 사실이 뼈에 사무치도록 그리워진다. 나는 어머니를 가장 소중한 연인으로, 때로는 가장 친한 친구로서 사랑했다. 살면서 사소한 아픔이나 슬픔이 있을 때마다 어머니에게 이야기하고 조언을 받았다. 어머니는 밤하늘의 별과 같이 나를 위로하고 편안한 피난처가 되어주었고, 말씀과 눈길은 내 아픈 상처의 마지막 치료제였다.

그렇지만 어머니의 죽음으로 우리 가족이 받은 상처는 어떤 약으로도 치료될 수 없는 것이었다. 특히 아버지는 어머니의 죽음으로부터 가장 큰 상처를 받은 듯했다. 아버지는 어머니가 돌아가신 후 오직 어머니만 생각하는 것 같았다. 어머니를 늘 그리워하면서도 어머니의 이야기는 쉽게 꺼내지 않았다. 그저 자식들에게 더욱 자상하게 어머니의 빈자리를 묵묵히 채워주셨다. 일을 마치고 돌아오시면 은둔자처럼 골방으로 들어가서 기척도 없이 어머니의 사진만 멍하니 바라보곤 했다.

세월의 흐름은 우리의 슬픔과 아픔을 망각의 강으로 흘러가게 했다. 이제 나도 중년의 고개를 넘어서면서 세월의 무상함을 느낄 때가 많다. 머리에 흰 눈이 조금씩 쌓여가고 주름이 자꾸 늘어나 머지않아 떠날 먼 세상을 본능적으로 그려보곤 한다. 그럴 때면 지나온 날들을 생각하고 내가 머물렀던 자리를 한 번 더 돌아보게 된다. 나 때문에 상처받은 사람들에게 용서와 사랑을 구한다. 죽을 때 입는 하얀 수의처럼 마지막 가는 길에 깨끗함만을 간직하고픈 바람을 가져본다.

요즘 날씨를 보니 가을볕이 좋고 바람이 적당하여 친정어머니가 살아계셨으면 수의를 널기 딱 좋은 날이다. 나란히 널려 하늘거리던 친정 부모님의 수의 모습이 눈앞에 자꾸 아른거린다. 철없던 시절에는 그렇게 보기 싫었던 수의가 이제는 정겹게 느껴진다.

빨랫줄에는 짝 잃은 기러기처럼 친정아버지의 수의만 외롭게 남아 있다. 이 가을이 다 가기 전에 먼저 가신 어머니의 마음을 담아 아버지의 수의를 정성껏 손봐 드려야겠다. 내 마음 깊은 곳에 간직되어있는 친정어머니의 곱디고운 수의도 끄집어내어 넉넉한 가을 햇살에 물들여야겠다.

두물머리 여명

설렌다. 얼마 만에 느껴보는 설렘인가. 중년이 되고 보니 지금껏 걸어온 시간이 길 위에 아무렇게나 나뒹굴고 있다. 하물며 발부리에 차이는 돌멩이도 그 위에 놓인 각각의 사연이 있겠지만, 무엇이 내 삶을 그토록 붙들었는지 모르겠다. 결혼하고 여행다운 여행 한번 못했으니 말이다. 모처럼 찾아온 기회를 이번만큼은 놓치고 싶지 않아 과감히 휴가를 냈다.

이박 삼일 일정이다. 떠난다는 이유만으로도 어릴 적 소풍을 기다리는 아이처럼 달뜬다. 가방을 꺼내 놓고 한동안 분주하다. 떠남이 익숙하지 않아 텅 빈 가방을 무엇으로 채워야 할지 막막하다. 누군가 두려움 없이 떠남을 잘하는 것이 인생을 풍요롭게 만드는 것이라는 이야기를 한 적이 있다. 떠난다는 것은 이렇게

나 마음이 가벼워지는 것이다. 매 순간 죽음과 떠남을 연습하며 준비하고 생각하고 산다면 우리는 지금 이 순간의 인생을 사랑할 수밖에 없을 것이다. 모든 일에는 연습이 필요함을 절실히 느끼며 겨우 마무리하고 잠자리에 들었지만, 잠이 안 온다.

잠을 설친 탓에 눈이 까칠하다. 공항에서 일행을 만나 가벼운 인사로 설렘은 시작되었다. 강원도와 충청도, 경기도를 오가며 창밖으로 보이는 풍경이 제주와는 사뭇 다름에 가슴은 뛰고 눈이 즐겁다. 길 따라 이어진 강줄기와 산맥이 어우러져 마치 한 폭의 풍경화를 보는 듯 고요하고 아늑하다.

여행 둘째 날, 일행 중 한 분이 경기도 양평의 두물머리 여명을 보자고 제안한다. 강에서 피어나는 물안개와 희미하게 날이 밝아 오는 빛이 조화를 이루어 그 아름다움이 특별하다고 한다. 모두 동의하고 새벽 여섯 시에 숙소 앞에서 만나기로 했다. 아침에 눈을 뜨니 다섯 시가 조금 넘었다. 간단히 준비하고 약속 장소로 나갔다.

숙소에서 조금 이동하니 두물머리다. 첫새벽이라 시야가 어렴풋하다. 보일 듯 말 듯한 풍경이 환상의 세계에 온 듯 황홀하다. 탄성이 절로 난다. 제주에서 볼 수 없는 넓은 강이 뿌연 물안개를 만들어내고 있다. 북한강과 남한강의 두 물줄기가 합쳐지는 곳이라 하여 붙여진 이름이 두물머리다. 가끔 강 위를 날아가는 새가 더없이 자유로워 보인다. 새는 자유로운 영혼의 방랑자라고 한다. 저 새의 자유와 해방이 한없이 부럽다. 오늘은 하늘을 자유롭게 날아다니는 새와 같이 나도 날고 싶다.

리처드 바크는 『갈매기의 꿈』에서, 먹기 위해 나는 것이 아니라 날기 위해 먹는다는 것이 중요하다고 이야기했다. 요즘에는 의미 없이 시간을 보내면서 사는 게 아닌가 하는 생각이 들 때가 많다. 새의 모습을 보고 있자니 생각이 더 많아진다. 삶은 모두 하나의 꿈으로부터 시작되는 것이 아니던가. 갈매기는 더 높이 날고 더 멀리 보려는 꿈을 위해 날았다. 먹이를 얻기 위해 다툼을 벌이기보다는 더 완전하게 나는 법을 알기 위해 존재했다. 조나단은 나는 것을 사랑하고, 더 빨리, 더 멀리, 더 잘 날려고 노력한 갈매기였다. 무리에서 추방당하면서도 좌절하지 않고 더 나은 비행을 하기 위해 노력했다. 『갈매기의 꿈』에서 갈매기들은 각자가 자유에 대한 무한한 생각을 지니고 있었고, 스스로의 삶을 선택할 자유가 있었다.

갈매기의 삶에 비해 나의 삶은 자유와 꿈을 위해 얼마나 비상하고자 했던가. 미묘한 감정이 교차한다. 좀처럼 새벽 공기를 마신 적이 없는 나는 그 분위기만으로도 심장이 뛴다. 아직도 이루지 못한 아련한 꿈이 물안개에 섞여 피어나는 듯하다. 바쁘고 고달픈 삶에 묻혀버린 새로운 꿈과 희망이 꿈틀대고 있음을 느낀다. 아직도 내 마음에 이런 감성이 살아 있음이 다행이다. 늘 숨 가쁘게 생활하던 집을 잠시나마 떠나 오롯이 나만의 시간을 가질 수 있음에 감사한다. 행복은 늘 우리 곁에 있다는 것과 그리 큰 것이 아님을 알고 있었지만, 이런 작은 행복에 감사할 수 있어야 큰 행복이 나에게 다가오지 않을까 한다. 행복과 불행의 차이는 얼마나 감사를 하며 사느냐에 있지 않을까 싶다.

시간이 지나니 어렴풋했던 시야가 조금씩 밝아진다. 조금 있으면 하늘과 강이 붉게 물드는 장면을 볼 수 있다는 생각에 가슴이 뛴다. 하지만, 날씨가 내 편이 되어주지 않아 아쉽게도 여명은 볼 수 없었다. 두 마리 토끼를 다 잡아 버리면 '다음'이란 말은 필요 없겠지. 여명은 놓쳤지만, 새벽에 담은 몽환적인 풍경이 마음에 새겨져 한동안은 내 가슴이 팔딱거릴 거다. 짧은 시간이나마 첫사랑을 만난 것처럼 설렜던 마음을 기억하리라.

여유가 없다는 핑계로 다람쥐 쳇바퀴 돌 듯 살아왔다. 여행이 주는 멋을 모르고 지나온 시간이다. 하지만 늦지 않았다. 별것 아닌 여행이라 말할 수도 있겠지만, 적어도 나는 별것 아닌 여행에서 가슴이 뛰었고 잊고 있던 감성이 되살아났다. 영화 「귀향」의 한 장면이었던 곳하는 배경이 너무 아름다워 기억 속에 남아 있었는데, 그 장소가 두물머리 사백 년 된 느티나무 아래임을 알게 되었다. 많은 시간이 가기 전에 두물머리 박명을 보기 위해 다시 올 것을 기약하며 떠나는 연습을 해야겠다.

길을 떠나면 길이 보인다. 멈칫거리지 말고 망설이지도 말고 어디로든 떠나야겠다. 길을 떠나는 곳에서는 새로운 길이 나타난다. 내가 있던 자리가 꽃자리가 아니라 새로운 자리에서 새로운 삶의 자리를 볼 수 있을 것이다. 사람들은 '집 떠나면 고생이다.'라는 푸념을 늘어놓지만, 그럼에도 사람들은 별빛이 쏟아지는 사막에 홀로 서보는 것 같은 진정한 고독과 자유로운 여행을 꿈꾼다.

목련이 한창 꽃망울을 터트리는 요즘, '첫사랑'의 꽃말을 가진 하얀 목련이 내 마음에도 수줍게 피는 듯하다.

3부

아름다운 소통

갈매기의 슬픔
웃음 바이러스
사일 간의 사랑
상처가 별이 되어
이 세상 소풍 끝내는 날
왕볼래 사랑
신新라면 끓이는 법
만남의 기쁨
망동산에 피는 꿈
아름다운 소통
참기름 향기

갈매기의 슬픔

간밤에 잠을 설친 탓에 까칠한 눈으로 하루를 연다. 요즘 들어 밤낮을 가리지 않고 무더위가 계속된다. 열대야로 인해 잠들기가 어려워 선풍기에 의지해 겨우 눈을 붙였다. 선풍기도 더위에 지쳤는지 제 기능을 다 하지 못하고 멈추는 바람에 조금 이른 아침을 맞이했다.

어촌계에 근무하는 나는 해녀가 채취한 도박*을 검사해서 업체에 인도해주기 위해 수협 직원과 함께 서둘러 현장으로 갔다. 푹푹 찌는 더위와 싸우며 물건값을 더 받으려는 해녀와 무게를 줄이려는 업체 간에 팽팽한 긴장이 감돈다. 가재는 게 편이라고 조금이나마 해녀가 값을 더 받을 수 있게 신경을 쓰다

---

* 해조류의 일종

보니 몸은 더욱 피곤했다. 하지만 힘들게 채취한 도박값을 잘 받아 해녀들 주머니 사정이 풀릴 걸 생각하며 마대 하나하나에 정성을 기울였다.

해녀의 물질이 매일 이루어지는 것은 아니다. 단순히 파도가 세고 약한 날, 바람이 강하고 얕은 날이라는 개념보다는 '물때'에 맞춰 일하기 때문이다. 제주도 해녀가 물질할 수 있는 날은 대략 음력 8~14일, 23~29일 사이로 물살이 비교적 약할 때다. 365일 중에 기껏해야 100일 정도다. 저 날짜에 해당하는 날이라도 날이 궂으면 바다에 나가기 어려워진다. 해녀는 목숨을 걸고 일하고 그들이 채취한 해산물은 바로 생명의 대가 물이다. 해녀의 강인함은 곧 제주의 생명력이기도 하다. 해녀가 채취해온 해산물을 바라보고 있으면 신성한 삶의 의미와 같은 엄숙한 마음이 절로 일어난다.

아침 일찍부터 시작해서인지 점심나절이 되어 검사를 마칠 수 있었다. 직원들과 함께 점심을 먹기 위해 인근 식당을 찾았다. 주인아주머니의 안내로 마당에 차광막을 쳐서 햇볕을 가린 평상에 자리를 잡았다. 종업원이 가져온 시원한 물로 목을 축이는데 마당 앞에 위치한 조금만 집에서 아이 울음소리가 들린다. 곧이어 와장창 소리와 함께 남자의 고함이 연약한 아기의 울음을 더욱 크게 만든다.

물을 마시려던 손을 멈추고 어느새 내 눈은 마당 앞 그 집으로 쏠린다. 오래전에 지은 집인지 지붕이 낮고 허름하다. 양옆의 조금만 창은 판자를 덧대어 막아 놓아 아주 답답하게 느껴졌고, 앞으로 나 있는 출입문이 유일하게 열려 있다. 낡은 방충망이 닫혀있어 속이 훤히 보이지는 않지만 대충 형상은 알아볼 수 있었다.

중년으로 보이는 남자가 반바지만 입은 채 방에서 마루로 마루에서 다시 방으로 왔다 갔다 하며, 물건을 마구 집어 던지고 폭력을 휘두른다. 심지어 아이가 시끄럽게 운다며 입에 담을 수 없는 심한 욕을 해댄다. 아내로 보이는 여자는 남자가 던져 놓은 가재도구를 따라 다니며 말없이 주워놓는다.

분위기나 행동으로 보아 한두 번 겪는 일이 아닌 듯싶다. 막상 내용을 들어보니 별다른 이유 없이 기분에 따라 화를 내는 것 같다. 동네 주민에게 그 집 사정을 물어보니, 난동을 부리는 중년 남자의 어머니는 상군 해녀로 동네에서도 소문나게 부지런하고 사람 좋기로 알려져 있다고 한다. 여러 형제를 두어 자식들은 모두 육지에서 버젓하게 잘살고 있지만, 유독 저 남자만이 직업도 없이 술로 허송세월을 하고 걸핏하면 난동을 부린다는 것이다.

더위까지 한몫하여 많이 짜증 나고 힘들겠지만, 저렇게 집안의 가구들을 마음대로 부수고 가족에게까지 폭행할 수 있을까. 조금만 참으면 아니, 한 걸음만 양보하고 모든 것을 사랑으로 보듬으면 아무런 문제 없이 행복한 가정이 될 것이다. 가정과 가족을 생각하는 마음이 기본적으로 모자라는 사람에게 이런 기대를 하는 것 자체가 잘못된 것인지 알 수 없다.

얼마 전 TV에서 방영한 「긴급출동 SOS 24」라는 시사프로그램을 본 적 있다. 문제가 심각한 가정이나 사람들을 취재해서 문제해결과 도움을 주는데, 시작부터 끝까지 잠시도 눈을 떼지 못하고 경악하면서 시청했다. 아내에게 매 맞는 남편, 부모로부터 버림받은 아이들, 알코올 중독으로 아내와 자식을 구타하는 아버지, 특히 아동학대의 80% 이상이 부모에 의해 발생한다는 사실이 마음을 더욱 더 아프게 했다.

'내 아이니까 내 마음대로 해도 된다.'는 인식이 문제를 더욱 일으켰다. 그렇다면 내 아이니까 더욱 아끼고 사랑해야겠다는 마음은 어디로 간 걸까. 아동학대는 단순한 가정 문제가 아니라 사회문제의 반영이다. 문제의 사람을 분석해보면 어린 시절을 폭력이 난무하는 환경에서 자랐거나 결손가정이 대부분이다.

어릴 적 받은 상처가 마음속에 잠재해 있다가 어느 순간에 행동으로 나타난다는 것이다. 자라는 환경이 얼마나 중요한지 다시 한번 뼈저리게 느낀다.

우리 사회에서 결손가정은 갈수록 많아지고 있다. 가정의 기본적 조건이 제대로 충족되지 못한 가정을 결손가정이라고 한다. 결여된 조건에 따라 구조적 결손가정이 있을 수 있고 심리적 결손가정도 있을 수 있다. 구조적 결손가정은 가장 널리 알려진 형태로 부모가 생존하지 않거나 편부모만이 있는 경우이다. 또 심리적 결손가정은 가정의 구조상에는 별문제가 없지만, 가정의 분위기나 양육방식 등에 문제가 있어서 가정이 제 기능을 다 하지 못한다. 이런 가정에서는 부모와 자식 간의 대화가 거의 없다.

성경에는 이런 이야기가 나온다. 재산이 적어 채소를 먹어도 서로 사랑하는 것이 살진 소를 먹으며 서로 미워하는 것보다 낫다는 것이다. 솔로몬 시대에 일반 백성들은 거의 소고기를 먹지 못했기 때문에 살진 소를 먹는다는 것은 부유한 가정을 의미했다. 그렇다면 이 이야기는 사랑이 없는 부유한 가정보다 사랑이 있는 가난한 가정에 사는 것이 훨씬 더 낫다는 것을 의미한다.

그러나 우리가 사는 이 세상에서는 그 어느 때보다 재산의 풍요가 사랑보다 더 가치가 있는 것처럼 여긴다. 결혼할 때에도 재력이나 재물을 얻을 수 있는 능력을 우선시하는 풍조가 만연하다. 최근 들어서는 도시 중심의 생활에 따르는 압박으로 인간 삶의 기본이며 우선순위로 간주하던 가족관계가 점차 붕괴되고 있다. 각박한 도시에서 대부분 시간을 밖에서 보내다 보니 함께 하는 시간도 별로 없고, 잠시 집에서 가족을 만나도 서먹서먹할 정도가 되어버렸다. 더구나 일인 가족 증가와 핵가족화로 공동체 의식이 부족하니 가까운 친척과도 멀어지고 심지어 부모나 조부모와의 관계도 소원해지고 있다.

사랑이 무엇인가. 부모와 자식, 아내와 남편을 위해 최소한의 선을 지키며 서로를 소중하게 여기고 존중할 때 사랑하게 된다. 그러나 사랑 없이 자신의 욕망과 만족만을 도모하면 그것은 악이 된다. 사랑하는 마음이 없는 가정은 서로 무관심하고 살벌한 감옥이 되고 만다. 가족은 서로 돕고 희생하며 존경하는 마음을 가질 때 진정한 사랑을 느낄 수 있다.

점심으로 몇 숟갈 뜨다가 살며시 내려놓았다. 주변에 가족에 대한 사랑과 노인에 대한 공경의 마음이 자꾸 어딘가로 사라져 가는 것이 아닌가 하는 생각이 든다. 씁쓸한 마음에 따가운 햇볕이 인정 없이 내리쬐는 바다를 바라본다. 난동을 부리던 남자의 어머니는 지금 어떤 마음으로 물질을 하고 있을까. 푸른 바다 위를 날고 있는 저 갈매기는 알고 있겠지.

웃음 바이러스

"행복을 드리는 구좌농협입니다."

사무실에서 전화가 울리면 하루에도 수십 번을 반복하는 멘트이다. 가끔은 목 상태가 안 좋아 고객에게 미안할 때도 있지만, 나름대로 열심히 고객의 마음에 다가가고자 노력하며 "좋은 하루 되십시오."로 끝을 맺는다. 하지만 짧은 인사말 속에 고객을 사랑하는 마음과 진심으로 고객을 위하는 마음을 담기란 그리 쉽지 않다.

농협에 근무하면서 CS(Customer Satisfaction: 고객 만족)란 단어와 익숙해졌다. 하루에도 몇 건씩 문서가 접수되고 전체 직원회의 때마다 수없이 강조되는 부분이다. 심지어 농협중앙회에서 CS 컨설팅 기간을 정하여 관찰 요원이 각 영업점을 방문하여 서비스평가를 하기도 한다.

직원들은 관찰 요원을 일명 '간첩'이라 칭하며 적지 않은 스트레스를 준다고 핀잔하기도 하고 누군가에게 감시당하는 것 같다며 불쾌감을 표하기도 한다. 나 역시 처음에는 그랬다. 분위기 파악도 안 되고 관찰 요원이 손님으로 가장해서 우리를 시험하는 것 같아 기분도 별로 좋지 않았다.

한두 번의 경험을 하면서 CS 컨설팅의 목적과 의도를 어느 정도 이해하게 되었다. 부정적인 눈이 긍정으로 바뀌니 잠시나마 평가 요원에게 가졌던 좋지 못한 생각이 오히려 부끄러웠다. 특히 고객을 대하는 마음이나 근무 자세가 많이 나아졌다.

부끄럽지만 CS 성적도 제법 잘 나와서 몇 년 연속 '고객 만족 우수사무소'로 선정되었다. 몇 개월 전 사무실 정기 감사 때 감사님이 비결을 물었다. 나는 그저 웃었다. 평소 고객을 내 가족 내 형제처럼 생각하고 마음으로 특별히 대한 것밖에는 없다.

며칠 전 일이다. 사무실에 앉아 업무를 보고 있는데 헬멧을 쓴 젊은 남자분이 자동화기기 거래를 하면서 사무실 안을 기웃거렸다. 용무를 마치고 들어올 줄 알았는데 밖으로 나가 계단에 앉아 자전거 여행으로 지친 몸을 푸는 것 같았다.

마침 사무실이 조금 한가하여 살며시 문을 열고 미소 띤 얼굴로 말을 건넸다. “여행 오신 것 같은데 커피 한잔하실래요?” 예기치 않은 질문이었는지 겸연쩍은 얼굴로 고맙다고 한다. 커피를 건네며 밖에 계시지 말고 들어오셔서 편히 쉬다 가시라고 했다. 괜찮다며 정말 커피가 마시고 싶었는데 진심으로 고맙다는 인사를 연이어서 한다.

커피 한 잔으로 손님에게 즐거움을 주었다는 생각에 기분이 좋았다. 누군가 목이 마를 때 물 한 잔을 건넬 수 있는 여유와 그 목마름을 발견할 수 있는 마음이 바로 작은 관심이다. 누가 감시하고 점수로 평가하고 억지로 웃는 서비스가 아닌 ‘고객에게 얼마나 진실하게 다가가서 마음을 움직이느냐.’ 하는 마음에서 우러나오는 서비스가 필요하다. 그러기 위해서는 미소 띤 얼굴이 가장 중요한 것 같다.

나는 평소 웃음이 많다. 덕분에 주름살이 좀 늘긴 했지만 그게 그리 대수인가. 나의 웃음으로 누군가가 행복하다면 말이다. 가끔 CS 교육을 받다 보면 ‘모나리자’의 미소를 보여준다. 그 이름만으로도 얼마나 아름다운가. 하지만 모나리자는 입은 웃고 있는데 눈은 웃고 있지 않다며, 두 번째 모델로 ‘안동 하회탈’을 보여준다. 눈도 웃고 입도 웃고 얼굴 전체가 웃는 안동 하회탈, 사람들이 좋아하는 미소가 바로 이런 미소가 아닐까 싶다.

이 세상에 웃음이 없다면 어떻게 될까. 그것은 빛과 희망이 없는 세상과 같은 것이다. 어둠이 없는 빛도 상상할 수 없지만, 빛이 없는 세상은 더욱 상상하기 힘들다. 흔히 사람들은 고통과 절망의 삶을 살아간다고 하지만, 웃으며 사는 인생에는 언젠가 희망이 있을 것이다. 좋은 생각에는 행복의 싹이 트고, 나쁜 생각에는 불행의 싹이 튼다는 말이 있다. 축복하면 축복할 일이 생기고 저주하면 저주할 일이 생기게 된다. 미소는 우리가 입고 있는 어떤 화려한 의상보다 돋보이는 것이다. 아무리 기분 나쁜 일이 생겨도 미소로 넘기면 우리의 삶은 보다 밝고 희망이 가득하게 되지 않을까.

언젠가 캄보디아의 앙코르와트을 여행했을 때, 앙코르 톰에서 '바욘의 미소'를 본적이 있다. 바욘 사원의 관음보살상 미소는 천의 얼굴을 지니고 있다고 한다. 그 이유는 바로 그 보살상 앞에 선 사람의 마음이 모두 다르기 때문이라는 것이다. 사원을 빙 둘러 보면 각기 다른 얼굴을 하고 있는 사면 보살상은 보는 각도와 태양의 방향에 따라, 보는 사람의 표정과 심리상태에 따라, 모두 다르게 보이기 때문에 항상 신비스러움을 지닌다고 한다. 미소와 웃음이 없다는 것은 뿌리 없는 나무와 같다. 웃음의 뿌리는 바로 우리의 마음에서 생겨나는 것이다.

사무실이 깨끗하고 고급스럽고 판매하는 상품이 아무리 좋아도 찾아주는 고객이 없다면 무슨 소용이 있으랴. 고객이 다시 찾고 싶은 생각이 들도록 노력하고 항상 친절하다는 이미지를 심어주는 것이 바로 CS의 목적이다.

얼마 전 신문을 읽다 보니 '박지성에게는 있고 제주 사람에게는 없는 것'이라는 제목의 글이 유독 눈에 들어왔다. 제주 사람에게 없는 것이 과연 무얼까. 박지성이 세계적인 스타라 박지성에게 있는 게 대단한 줄 알았다. 하지만 내용을 확인하는 순간 마음이 착잡했다. 바로 '윗니를 보이면서 웃는 얼굴'이었다. 제주 사람들이 무뚝뚝하다는 얘기는 가끔 들었지만, 신문에 언급될 정도로 심각한지는 생각하지 못했다. 친절과 미소가 무엇보다 필요한 관광의 섬 제주가 아닌가.

어느 심리학자는 하루에 열다섯 번 이상 웃는 이는 의사를 멀리할 수 있다고 했다. 또 하루에 세 번만 크게 웃어도 아침 건강달리기를 한 것과 같은 효과가 있다고 한다. 웃음으로 건강도 찾고 실추된 제주 사람의 이미지도 찾아보면 어떨까.

거짓 웃음이 아닌 마음에서 우러나오는 미소, 제주 사람에게는 없다는 언론의 기사를 깨끗이 날려버릴 웃음 바이러스가 모든 사람에게 전염될 수 있기를 빌어본다.

사이간의 사랑

"이런 확실한 감정은 일생에 단 한 번 오는 거요." 영화 「메디슨 카운티의 다리」의 남주인공 로버트가 말했다.

살아가는 동안 한 번 만나는 확실한 감정이란 건 어떤 것일까. 지금껏 영화를 보았지만 같은 영화를 연속 두 번 본 적은 없다. 우연한 기회에 접한 영화 「메디슨 카운티의 다리」를 보고 몹시 목이 말랐다. 물 한 병을 벌컥벌컥 마셔도 갈증은 여전했다. 영화를 다운받아 다시 봤다. 영화를 보는 내내 나는 여주인공 프란체스카였다.

미국 아이오와에서 농장 생활을 하며 사는 프란체스카는 이탈리아 여자다. 보수적인 남편과 아이들과 평범하게 살고 있는 그녀에게 어느 날 길을 잃은 내셔널지오그래픽 사진작가 로버트가 찾아왔다. 우연인 듯 필연으로 만난 두 남녀의 사랑은 그렇게 시작되었다.

사랑을 잊고 살았다. 로버트가 나폴리에 관해 이야기하지 않았다면 나폴리가 고향인 것도 잊었다. 조그만 시골 마을에서 하루하루 반복되는 무료한 삶은 그녀를 감정 없는 사람으로 만들었다. 로버트가 오지 않았다면, 그녀에게 일생 처음으로 찾아온 확실한 사랑의 감정을 영원히 모르고 살았을 것이다.

남편과 아이가 있다. 그런 그녀가 처음 본 남자한테 미묘한 사랑을 느낀다. 사랑하면서 존재 이유를 깨닫고 그동안 잊고 살던 '나'를 찾게 된다. 사랑이라는 감정이 마음대로 되는 건 아니다. 아내와 엄마라는 이름으로 자꾸만 삐져나오는 사랑을 꾹꾹 누른다. 하지만 아내도 엄마도 결국은 여자다. 여자이기에 '도덕'이라는 테두리에서 벗어나 가끔은 자유로워지고 싶다. 묵묵히 걸어오던 걸음을 멈추고 뒤돌아봤을 때 여자라는 존재를 망각하고 살아온 시간이 헛헛하다.

가정에서도 직장에서도 오직 일개미처럼 열심히 살아왔다. 누가 시키지 않아도 알아서 일한다는 사실에 엄청난 자부심을 느꼈다. 무엇이든 알아서 잘하는 사람, 누구에게든 부지런히 일해 주는 사람으로 살아왔는데, 그게 알고 보니 무언가에 매여 있는 여자의 삶이었다. 일하지 않으면 큰일이라도 날것처럼 하루하루를 보냈다.

어느 날 나의 의지와 무관한 채 타자에게 이끌려온 삶이 아닌가 하는 생각이 불현듯 들었다. 여자의 삶은 언제나 무겁고 힘들었다. 영국 작가 버지니아 울프는 진정으로 독립된 여성이 되기 위해서는 '자신만의 방'과 '얼마의 돈'이 필요하다고 했다. 여성이 여성답게 살기 위해서 필요한 것이 어찌 방과 돈뿐이겠는가. 여성의 권리와 지위를 갖추고 살아가는 사람은 흔치 않은 듯하다. 나에게는 진정으로 나 자신만의 방이 존재하고 있는가.

프란체스카는 로버트가 건네는 한마디 한마디에 푹 빠진다. 멋진 말이란 게 별것 아니다. 여자의 마음을 알아주고 다정하게 건네는 한마디면 충분하다. 따뜻한 말 한마디에 얼어있던 마음이 녹아내리고 잊고 있던 사랑이라는 감정이 눈을 떴다. 얼었던 강물이 봄기운에 녹아 줄줄 흐르듯 주체할 수 없는 사랑의 감정을 그들은 사일 동안 쏟아 부었다.

시간은 여지없이 흐른다. 그들에게도 헤어질 시간이 다가왔다. 잊었던 '나'를 찾고 잠자던 사랑이 다시 깨어난 프란체스카는 이 지역을 벗어나 새로운 삶을 살아보고 싶어 한다. 로버트 역시 프란체스카와의 만남을 "일생에 단 한 번 오는 확실한 감정"이라며 같이 떠나자고 이야기한다. 하지만 그녀는 마지막 순간에 여자와 엄마 사이에서 갈등한다. 진정으로 한 사람의 독립된 여자이고자 하는 마음이 수없이 방망이질 치지만, 마음과는 다르게 정중하게 거절한다.

프란체스카는 자유를 포기했다. 그녀도 젊은 시절에 꿈이 있었다. 가족과 아이들을 위해 정신없이 살다 보니 그 꿈이 무엇인지도 모른 채 살아왔다. 잊고 있던 꿈을 깨워준 결정적 순간에 프란체스카는 도덕을 선택했다.

꿈같은 사일이 지났다. 남자는 떠났지만, 그녀의 마음엔 늘 그가 머물렀다. 어느 날 그 남자가 죽고 변호사가 유품과 편지를 갖고 프란체스카를 찾아왔다. 그는 화장해서 그녀를 처음 만났던 지붕이 있는 다리에 뿌려달라고 했다. 다리에서 찍었던 사진을 한 권의 책으로 만들었고, 자신의 마음을 담은 편지도 있었다.

혼자만의 사랑이 아니었음을 확인한 프란체스카는 결심했다. 살아서는 가족을 위해 시간을 보냈지만, 죽어서라도 마음에 품었던 사람 옆에 머물고 싶었다. 살아서 못다 한 사랑을 죽어서라도 같이 하고픈 마음이 너무나 애틋하다. 마음 한곳에 아름다운 순간을 조용히 묻고 살아온 시간이 붉게 물든 저녁노을처럼 아름답다.

영화를 보면서 잊을 수 없는 장면이 있다. 하늘에 구멍이라도 뚫린 듯 비가 억수로 쏟아지는 날이다. 우연히 다시 마주한 그 남자와의 눈빛과 표정에서 그려지는 로맨스는 숨이 턱 멎을 만큼 강렬했다. 남편과 함께 있는 차 안에서 온몸에 비를 맞고 서 있는 로버트를 바라보며 손잡이를 잡고 내릴까 말까 하는 떨림은 아주 짧은 순간에 극적으로 묘사된다. 끝내 열지 못하고 마음의 문을 닫은 채 내리는 비 사이로 로버트가 타고 있는 차만 하염없이 바라본다.

눈앞에 그토록 그리운 사람이 있어도 만나지 못하고 보내야 하는 심정이 오죽할까. 신호등이 바뀌는 그 시간이 애석하다. 신호가 바뀌어도 선뜻 출발하지 못하는 그의 차를 본다. 뒤차의 경적에 한참을 망설이다 우회전 깜빡이가 켜지면서 서서히 눈앞에서 멀어져간다.

'도덕과 자유의 교차로'에서 한 중년 부인의 사일 간의 사랑은 도덕의 길을 택하면서 막을 내린다. 사람은 진정한 사랑을 할 때 가장 아름답다. 그 사랑이 하루가 되어도 좋고 사일이 되어도 좋다. 짧은 시간이지만 죽을 때까지 마음에 간직하고 그 마음을 조금씩 열어보면서 살아갈 힘을 얻는다.

흔들리지 않고 피는 꽃은 없다. 우리는 늘 마음의 이상과 눈 앞의 현실에서 갈등한다. 간절한 기다림은 결국 영원한 그리움으로 남는다. 살아가는 동안 나에게도 프란체스카처럼 확실한 감정과 영원히 기억에 남을 사랑이 찾아올까.

상처가 별이 되어

휴대폰에 저장된 여러 개의 밴드에서 새 글이 도착했다는 알림이 요란하다. 확인을 위해 들어가면 제일 먼저 눈길이 가는 밴드가 있다. 이 밴드가 유독 마음을 끄는 건 나에게 특별함이 있기 때문이다.

아이를 잃어버린 엄마들이 모여 만든 '상처가 별이 되어'라는 밴드에서 또다시 알림이 울린다. 멤버 중 누군가의 초대로 가입을 알리는 소리다. 가입 인사를 해야 하는데 적당한 말을 찾을 수가 없다. 멤버가 늘 때마다 또 하나의 별이 하늘나라로 가버렸다는 말이기에 눈물이 앞선다. 그런데도 이 밴드에 제일 애착이 가는 건 같은 아픔을 가진 사람끼리 위로하고 위로받을 수 있는 공간이기 때문이다. 여기에선 가식이 필요 없다. 온전히 속마음을 드러내고 마음껏 울어도 좋은 곳이다.

저마다 느끼는 아픔의 크기와 맞서는 방법은 다르겠지만 함께여서 가능하다. 다 말하지 않아도 굳이 내보이지 않아도 통하는 그 무엇이 있다. 서로의 아픔을 위로하면서 사랑하는 사람과의 작별을 조금씩 인정하고 받아들이게 된다.

어린이날 연휴가 유난히 길게 느껴진다. 연휴가 길면 좋아해야 마땅하지만 내게 있어 어린이날은 기나긴 고통이다. 차라리 어린이날이 오지 않았으면 좋겠다. 하지만 내 의사와 상관없이 맞이해야 한다. 가족이 다정하게 아이의 손을 잡고 나들이하는 모습을 보는 것이 힘들다. 이 빈자리를 무엇으로 채워야 할까. 그래도 웃어야 한다. 남은 아이를 위해 즐거운 척 신나는 척 행복한 척 나들이 가야 한다.

무더위가 숨통을 조이는 어느 여름날이었다. 잘 놀고 잘 먹던 아이가 아프다. 며칠간 열이 계속됐다. 입맛이 없는지 잘 먹지도 않고 배가 계속 아프다고 한다. 평소 씩씩하고 야무지게 뛰어놀던 아들이 뜨거운 햇살을 견디지 못해 축 늘어진 화초처럼 힘이 없고 열이 나는 걸 보니 여름 감기에 된통 걸렸나 보다.

그렇게 며칠이 흘렀다. 나아지는 기색이 없어 유치원에 있는 아들을 데리고 병원을 찾았다. 마른하늘에 날벼락이란 말을 처음으로 실감하게 되었다. 감기인 줄 알고 병원에 갔던 아들은 그 길로 서울까지 가게 되고 긴 병원 생활에 접어들었다. 이리저리 잘 굴러가던 자동차가 갑자기 멈춰버린 느낌이다.

말로 표현할 수 없는 고통스러운 시간과 길고 긴 싸움이 시작되었다. 아이가 겪었을 고통이 어느 정도인지 가늠할 수가 없다. 하루하루 견디는 아이를 보며 아무것도 해줄 게 없는 사실이 아플 뿐이다. 아이의 아픔이 온전히 나의 몫이기를 바랐지만, 아이는 끝내 혼자 모든 걸 안고 빈자리로 남았다. 아이를 보내고 난 후 아이의 고통은 몽땅 내 몫이 되었다. 텅 빈 방에서 나는 절규했다. '내가 아이를 위해 한 일은 무엇이며, 지금 할 수 있는 일은 무엇일까.' 절규의 소리는 공명이 되어 나의 귓가에 울려왔다.

아무리 힘들어도 살아남은 자는 또 살아간다. 일상에서 고통과 슬픔을 고스란히 표현하며 살기란 쉬운 일이 아니다. 나의 슬픔이 누군가에게는 불편함이 될 수도 있겠다 싶어 자꾸 숨기게 된다. 아니다. 어쩌면 아직도 아이를 떠나보내지 못하고 내 가슴 속에 있다고 생각하는지 모르겠다. 받아들여지지 않는 현실에서 차마 보내지 못하는 아이를 안고 있으니 가슴엔 종일 비가 내린다. 그 아이를 어찌 내 마음에서 지울 것인가. 비가 오는 날이면 내리는 비를 흠뻑 맞으며 아이가 다니던 유치원 근처를 서성인다.

아이와 보낸 병실에서의 시간이 살아있는 동안 가장 많은 추억이란 사실에 가슴이 저민다. 내 품에서 마지막을 고하는 아이의 음성이 너무나 또렷하다. "미안해요." "죄송해요." "그리고 고마워요."라며 남아있는 마지막 힘을 다해 또박또박 전하는 한마디 한마디가 비수가 되어 가슴속으로 파고들었다. 아이에게 말해 주었다. 어찌 네가 미안하고 죄송하다고 하느냐, 아무것도 해준 게 없는 못난 엄마가 미안하고 죄송하다. 흐르는 눈물에 가려 아이의 마지막 모습을 놓칠까 봐 절규하며 아이를 끌어안았다.

가만히 생각하니 내가 아이를 돌봐 온 것 같지만 아이의 테두리 안에 내가 있었다. 아이에 의해 울고, 웃고, 기뻐하고 감사하고 행복해하며 지내온 시간이다. 아이가 없는 지금 내 존재조차 희미해진다. 태양이 구름에 가려 사라지듯, 아이의 따스함도 밝은 웃음도 모두 없어지고 어둠 속으로 감추어지고 말았다.

어린이날이 되면 왜 우리 아이만 없을까 하며 이곳저곳을 두리번거린다. 바쁘다는 이유로 아이와 보낸 시간이 많지 않음을 후회해 보지만, 이제는 영원히 돌아갈 수 없는 시간이 안타까울

뿐이다. 그렇게 고통스러워하던 아이는 이제 별이 되어 저 하늘에 머물고 있을 거로 생각하며 밤하늘을 망연히 바라본다.

긴 겨울이 지나면 봄이 온다. 봄이 되면 떠났던 것들이 돌아온다. 모두가 돌아오는 이 계절에 내 안에 있는 아이는 이제 엄마를 떠나려 한다. 아이가 떠나는 건지, 내가 꼭 잡고 있던 아이의 손을 놓으려 하는지 모르겠다. 아침에 집을 나서며 이제는 바뀌는 계절과 함께 아이를 보내야 한다고 다짐한다. 그렇지만, 저녁이 되어 아이의 빈방에 서면, 나의 마음은 또 변한다. 안 돼, 아이야. 가서는 안 돼. 가지 마! 가지 마!

불러도 대답 없는 메아리만 공허하게 마음을 울린다. 아이가 가는 걸음마다 뚝뚝 떨군 꽃잎은 내 가슴에 화석으로 남아있다. 봄이 오면 지천으로 피어나는 들꽃의 온유한 향기처럼, 아이와의 추억을 곱게 머금고 있겠다. 그러다가 언젠가 다시 만나는 날 피어보지 못하고 떨어져 버린 봉오리를 활짝 피울 것이다.

이 세상 소풍 끝내는 날

요즘 따라 전화벨 소리가 나를 긴장시킨다. 벨 소리를 들으면 뭔가에 쫓기는 사람처럼 마음에 작은 떨림이 일어난다. 어느 날 뜻하지 않은 전화를 받기 전까지는 나 역시 평범하게 들리는 전화 소리가 싫지는 않았었다.

밤이 주는 휴식은 무엇과도 바꿀 수 없다. 일터로 나가 하루 종일 일하고 돌아와 지친 몸을 풀며 아늑한 잠을 잘 수 있는 시간이다. 낮이 소음과 다툼의 시간이라면, 밤은 고요와 평화의 시간이다.

이 밤 깊은 잠에 빠진 나를 요란한 전화벨이 무참히 깨 버린 건 새벽을 갓 벗어난 시간이었다. 벌떡거리는 가슴을 누르며 전화를 받아보니 친정 오빠였다. 순간, 밀려오는 불길한 예감이 머릿속을 온통 흔들어 놓았다. 저편에서 들려오는 오빠의 목소리가 짙은 어둠 속에 또 다른 어둠을 만들며, 힘들여 토해내는 한마디 한마디가 도저히 믿기지 않는다. "지금 병원인데, 조금 전 교통사고 당한 올케가 가망이 없데…." 순식간에 일어난 한 밤의 교통사고는 멀쩡한 한 사람의 목숨을 조용히 거두어 버렸다.

올케언니가 우리 식구가 된 지도 벌써 이십 년이 넘어간다. 아무것도 없는 살림에 시집와서 고생도 참 많이 했다. 줄줄이 있는 시동생들 시집 장가 다 보내고 이제는 어느 정도 자리 잡혀 살만하니 하늘이 시샘이 났나 보다. 인명은 재천이라지만 아직은 마흔넷을 끝으로 생을 마감하기에는 올케언니의 나이가 너무 아깝지 않은가!

올케언니의 살림살이를 들여다보면 덩치에 걸맞지 않게 아기자기한 소품으로 집안을 예쁘게 장식해 놓았다. 집안 장식만큼이나 몸단장도 수준급이다. 큰돈을 들이지 않고도 꾸밀 줄 아는 재주가 있었다. 음식도 맛깔스럽게 잘 만들어 집안에 일이 생겨도 며느리 역할을 척척 잘해 내었다. 근면하고 성실함이 몸에 배어 한시도 쉬지 않고 열심히 일해서 아파트도 마련했다. 딸 아들 키우며 큰 욕심 안 부리고 사는 것이 행복이라던 올케언니의 죽음은 모두에게 돌이킬 수 없는 슬픔으로 다가왔다.

모든 죽음은 허무하다. 아무리 열심히 살아도 한순간에 모든 것이 사라져 버린다. 이제는 더 달릴 수도 가질 수도 없다. 이승의 끈을 계속 붙들고 싶지만, 뜬구름이 모였다가 흩어지듯이 오므렸던 손이 스르르 풀린다. 부지런히 모은 돈도 물건도 아무것도 가져갈 수 없는 저승길이다. 누구를 위하여 무엇을 위하여 그렇게 성실히 살았는지 모르겠다. 사람보다 중요한 것은 세상에 아무것도 없다.

나 하늘로 돌아가리라.
새벽 빛 와닿으면 스러지는
이슬 더불어 손에 손 잡고,

나 하늘로 돌아가리라.
노을 빛 함께 단둘이서
기슭에서 놀다가 구름 손짓하면은,

나 하늘로 돌아가리라.
아름다운 이 세상 소풍 끝내는 날,
가서, 아름다웠다고 말하리라

천상병 시인의 「귀천歸天」이라는 시다. 욕심 없이 살다가 이 세상 소풍 끝내는 날 가서 아름다웠더라고 말할 수 있다면 그 삶은 아름답지 않은가! 어쩌면 우리가 살아가는 이 세상은 지옥보다 더 지옥 같은 곳일지도 모른다. 그렇지만 이런 이승조차 소풍을 다녀가는 것으로 만드는 시인을 보면, 세상사는 역시 마음에 달린 것이 아닌가 하는 생각이 든다.

갑작스러운 올케언니의 죽음이 지나온 내 삶의 발자국을 되돌아보게 한다. 사람의 발자국이란 일정하지가 않다. 때로는 깊게 패 무언가를 채워야 하고, 어떤 발자국은 지나온 흔적조차 희미하다. 더도 덜도 말고 앞으로 새겨지는 발자국마다 아름답고 깨끗한 마음이 곁들여진다면 더 바랄 게 없겠다. 비움과 채움, 이 양자의 소중함을 모른 채 사람들은 그저 채움을 위해서만 살아간다. 채우기 위해서는 비워야 한다는 사실을 깨닫지 못한다.

불교에서는 마치 우리가 허공 속에 살고 있으면서도 허공을 인식할 수가 없고, 공空이란 보이지 않으니 눈이 있어도 볼 수가 없다고 한다. 또한 소리도 없으니 귀가 있어도 들을 수 없다고 가르친다. 실체가 없으니 손에 잡히지 않고 만져지지 않으니 피부에 닿지 않으며 인식할 수도 없는 것이 공이다. 왜 그럴까?

만물이 모두 텅 빈 것이기 때문이다. 마치 공기가 공기를 만나고 물이 물을 만난 것처럼 섞여도 모르고 떨어져도 모르는 게 공이다. 비움은 욕심을 버리는 것을 말하고, 채움은 욕심으로 비롯한 집착을 말하는 것이 아닐까.

본래는 하나로 통했을지 모르지만, 욕심이 먼저 생기고 욕심이 발전하면 집착으로 진행되는 것은 당연한 일이다. 집착을 버리면 욕심은 존재할 곳이 없게 된다. 흡사 가난한 사람이 세 끼 밥만 먹었으면 좋겠다는 소박한 생각이 충족되면 욕심을 부려서 필요 이상의 부를 축적하게 된다. 그러다가 종국에는 물질의 노예로 변해 가는 일이 우리 주변에서는 얼마나 많은가.

비운만큼 채워진다는 평범한 진리를 일깨워 준 올케언니, 마지막 가는 길에 따뜻한 차 한 잔을 정성껏 타서 올렸다. 올케언니도 무거운 짐 다 내려놓고 마음 편하게 훨훨 날아 하늘나라로 돌아가리라 믿는다.

왕볼래* 사랑

앙상한 나뭇가지에 물이 오르며 조그만 싹이 살며시 얼굴을 내민다. 길가 옆 개나리에 하나둘 채워지는 노란 꽃잎은 농부의 마음마저 따스하게 물들인다.

“지지배배, 지지배배” 강남 갔던 제비가 돌아오니 봄이 왔음을 더욱 실감한다. 먼 길을 날아와 무척 피곤할 텐데 지친 날개를 접을 틈도 없이 행복의 보금자리를 만드느라 온종일 분주하다. 제비들의 장단에 맞춰 들녘 농부의 손길도 바쁘고 마음도 덩달아 바빠지기 시작한다.

바쁜 마음을 잠시 접고 오랜만에 남편과 함께 친정으로 향했다. 딸은 출가외인이라 했던가. 친정에 가고 싶은 마음은 굴뚝

* 볼래: 보리수

같지만, 농촌 생활이 고되다 보니 행동으로 실천하기는 여간해서 힘들다. 어쩌다 한 번씩 드리는 용돈이나 전화상 안부로 불효한 마음을 조금이나마 덜어보지만 가슴이 저리는 건 어쩔 수 없다.

며칠 전 충청도에서 걸려온 한 통의 전화를 받았다. 남편이 육지에 있을 때 조금 알고 지내던 형님인데 동네 어른들을 모시고 제주도로 효도 관광을 온다는 것이다. 그러면서 숙박과 관광 안내를 비롯한 여러 가지를 부탁해 왔다.

평소 친분이 두터운 관계는 아니어서 전화 받는 남편 표정이 조금은 부담스러워하는 눈치다. 그렇지만 잊지 않고 찾아준 성의와 노인들을 위하여 좋은 일을 하는 형님을 생각해서 부탁을 받아들이기로 했다. 이박삼일의 짧은 여행 동안 성심성의껏 대접하고 숙박과 운전까지 해결해 주었다.

그들이 돌아가고 난 며칠 후 두 포대의 쌀과 함께 정성스럽게 포장된 인삼 한 박스가 집으로 배달되었다. 관광 왔던 형님이 고마운 접대에 보답한다며 직접 지은 무공해 쌀과 인삼을 보내온 것이다. '가는 정 오는 정'이 피부로 느껴지며 아직도 농촌 인심이 살아있음에 마음이 뿌듯하다. 오히려 조금이나마 부담을 느꼈던 남편과 나 자신이 부끄러웠다.

우리 집은 쌀농사를 짓지 않아 사서 먹기 때문에 쌀 맛은 특별함이 없이 다 비슷한 줄 알았다. 그런데 정성이 가득한 무공해 쌀로 밥을 지어보니 기름기가 흐르고 입안에 착 감기는 맛이 지금까지 맛보지 못한 특별함을 가져다주었다. 이 맛을 친정 부모님과도 함께하고 싶었다.

묵직한 쌀을 차에 싣고 부모님을 만날 수 있다는 설렘으로 친정에 도착해 보니 어머니는 외출하시고 아버지 혼자 집에 계셨다. 아버지는 우리를 보더니 뜻밖의 방문에 놀라면서도 반가워하는 표정이 역력했다. 칠 남매의 대식구가 아웅다웅 살다가 모두 출가해 지금은 부모님만 집을 지키고 계시니 얼마나 외롭고 허전할까. 어쩌면 용돈이나 전화보다도 자주 찾아뵙는 일이 부모님이 바라는 효도의 길이 아닌가 싶었지만 그것이 쉽지 못했다.

몇 마디 안부를 주고받으며 차 한 잔을 마신 뒤 아버지께서 천천히 몸을 일으키셨다. 무릎관절이 안 좋으신지 한번 일어서는 것조차도 무척이나 힘겨워 보였다. 하루가 다르게 노쇠해가는 아버지의 모습에 가슴이 아팠다.

아버지께서 보여줄 게 있다며 마당 옆에 있는 창고로 우리를 데려갔다. 갑자기 들리는 '히히힝' 소리에 흠칫 놀라 바라보니, 엄청난 몸짓의 호마 한 마리가 덩치에 걸맞지 않게 잔뜩 경계하고 있었다. 연로하신 부모님께서 큰 농사를 못 하시니 소일거리 삼아 말을 키워 보라고 큰오빠 내외가 사 주었단다. 매끄럽게 살진 모습이 아버지의 사랑과 정성을 다 받아먹은 것 같아 보기 좋았다.

창고의 지붕은 커다란 왕볼래 가지가 자리를 차지하여 자연 그대로의 초록 지붕이 되어 있었다. 쏟아지는 햇빛을 받아서 잎사귀는 더 파랗고 붉은 왕볼래가 주렁주렁 탐스럽게 열려 있었다. 조그맣던 나무가 언제 저렇게 자라 가지를 치고 열매를 맺었는지 모르겠다. 친정에 무심했던 나를 다시 한번 돌아보게 하였다.

아버지는 왕볼래가 아주 달다며 얼른 따먹어 보라고 한다. 얼굴에는 연신 흐뭇한 표정을 지으시면서, 풍작을 앞둔 농민의 얼굴이 바로 이런 표정이 아닌가 싶다. 햇빛에 눈이 부셔 처음엔 잘 보이지 않았는데 자세히 올려다보니 왕볼래 가지 위로 그물망이 넓게 쳐져 있었다. 연로하신 몸으로 어떻게 지붕에 오르셨는지 모르겠다. 아마 새들이 쪼아 먹지 못하게 최고의 방법을 쓰신 것 같다. 모든 것이 귀했던 아버지의 어릴 적 모습을 생각해본다.

우리가 자랄 때만 해도 먹을 것이 귀해서 왕볼래와 같은 산과 들에 있는 열매가 최고의 간식거리였다. 그러니 아버지 세대는 더욱 더 귀했다. 하지만 요즘 아이들은 먹을 것이 너무 흔해 왕볼래를 먹을 수 있다거나 그런 열매가 있다는 사실조차도 잘 모를 것 같다.

왕볼래를 무슨 보물이나 되는 듯 그물까지 쳐 놓으신 아버지의 정성을 생각하며 남편과 나는 열매를 따서 얼른 입으로 넣었다. 입안에서 '톡' 터지는 새콤달콤한 왕볼래 맛이 아버지의 사랑만큼이나 진하게 온몸으로 전해져왔다.

당시에는 아버지의 고통이 내 가슴의 통증으로 다가오거나, 아버지의 기쁨이 나의 행복이라는 것을 제대로 느끼지 못했다. 부모가 되어 산다는 것은 이런 것이라는 사실을 결혼하고 아이를 낳아보니 비로소 느낄 수 있었다. 우리들은 어느 순간 아버지가 되고 어머니가 되는가 보다. 추운 겨울에 어린 자식을 위해 아궁이에 불을 피우고, 다락에 꼭꼭 숨겨 두었던 과자를 자식에게 주고자 하는 마음을 제대로 헤아릴 수 없었다.

천식과 기침 가래에 최고의 명약이라며 많이 따서 술을 담가 두라고 말씀하시는 아버지를 뒤로하고 조만간 애들과 와서 따겠다는 인사를 하며 아쉬운 발길을 돌렸다.

까치들이 왕볼래 사랑을 훔치고 싶어 눈독을 들이다가 이내 포기한 듯 저 멀리 사라진다.

신新라면 끓이는 법

살다 보면 수많은 인연이 만들어지고 시간이 흐른 만큼 추억은 쌓여간다. 어느 날 문득, 차곡차곡 쌓여있는 기억 속에서 낡아서 해질 것 같은 추억 하나를 조심스레 꺼내 본다.

어릴 적 내 추억이 숨 쉰 곳은 해안가를 많이 벗어난 중산간 마을이었다. 여름이면 시끄럽게 울어대는 매미를 손으로 확 낚아채는 짜릿함과 동네 친구들과 냇가에서 물장구치는 맛이 특별했다. 뻥 뚫린 하늘에서 수없이 쏟아지는 눈송이를 손으로 받아먹고, 시린 손 호호 불어가며 굴리는 눈덩이가 커질수록 우리의 꿈도 커져만 갔다.

마을마다 초등학교가 없었던 관계로 인근에 있는 다른 마을 아이들은 우리 마을에 있는 초등학교로 유학을 왔다. 한 학년에 두 학급씩 전체 학생 수가 칠백 명 정도 되는 크진 않지만 아담하고 예쁜 전경을 가진 학교였다. '땡 땡 땡' 수업이 끝날 때마다 긴 여운을 남기며 은은하게 울려 퍼지는 종소리는 지금 생각해도 청아하다. 특히 점심시간을 알리는 종소리는 배고픈 아이들에게 더없이 기쁨을 주는 소리였다.

옹기종기 모여앉아 어머니가 정성스레 싸준 도시락을 꺼내놓고 가져온 반찬을 서로 나눠먹는 맛은 우리만의 특별한 오찬이었다. 학교급식이 이뤄지는 요즘 아이들은 느낄 수 없는 추억의 도시락이다. 지금도 따뜻하게 느껴지는 어머니의 정성과 귓전을 맴도는 은은한 종소리의 울림은 내 마음속에 꼭 자리하고 있다. 종소리는 바다에 파도를 만들듯 내 마음과 세상 속으로 울려 퍼져 나갔다. 들리는가, 태곳적부터 울려오는 저 여운의 소리가. 종소리는 세상 곳곳에서 사람들을 모으고 마음과 마음을 이어주었다.

어느 날이었다. 여느 때와 같이 점심시간을 알리는 종소리를 들으며 도시락을 막 꺼내려 할 때, 담임선생님이 조용히 나를 불렀다. 선택받았다는 우쭐함과 두근거리는 마음을 안고 교무실로 갔다. 선생님이 돈을 주면서 "라면을 사다가 끓여줄 수 있겠니?" 하고 부탁을 한다.

순간, 뇌에서 갖가지 시스템이 작동한다. 신경을 곤두세우고 라면 끓이는 법을 검색해도 도무지 찾을 수가 없다. 여태까지 한 번도 라면을 끓여본 적이 없다. 그렇다고 선생님 앞에서 라면을 끓일 줄 모른다고 말할 용기도 없었다. 적어도 선생님이 나를 지목할 때는 그만한 믿음이 있었을 텐데, 기어드는 목소리로 "예." 하고 겨우 대답한 뒤 학교 앞 상점으로 힘없는 발걸음을 옮겼다.

잠시 후, 라면 두 개를 사서 학교 옆에 위치한 숙직실로 갔다. 처음 들어가 보는 숙직실이라 낯설었지만, 찬찬히 부엌을 둘러보니 장작으로 불을 지피는 시설에 서너 개의 솥이 얹혀 있었다. 그 옆으로는 빨간 풍로가 놓여 있었지만, 사용방법을 몰랐던 나로서는 그나마 자주 접하던 장작으로 불 지피는 방법을 택할 수밖에 없었다.

솥의 크기를 정하는 게 우선이다. 벽 쪽에 있는 솥은 너무 큰 것 같고, 맨 앞의 솥은 너무 작았다. 잠시 망설이다가 가운데 솥에 라면을 끓이기로 했다. 다음은 물의 양인데 아무리 머리를 굴려 봐도 감이 오질 않는다.

평소에 어머니가 라면 끓이는 걸 보면 큰 솥에 반 이상 물을 붓고 우동 한 타에 라면 두어 개를 넣고 끓였다. 식구가 많은 관계로 질보다는 양이 우선이었지만, 그래도 얼마나 맛있게 먹었는지 별미 중의 별미였다. 하지만 지금 상황은 라면만 넣고 끓여야 하니 도대체 물의 양을 가늠할 수가 없다. 이대로 시간만 지체할 수 없어 눈 딱 감고 작업에 들어갔다. 옆에 있는 양동이로 물을 길어다 어림잡아 솥의 반 정도를 부은 후 몇 번의 시도 끝에 겨우 불을 지피기 시작했다.

한 이십 분 지났을까? '타닥, 타다닥' 소리를 내며 활활 타오르는 불꽃의 율동에 맞춰 부지깽이로 솥뚜껑 두드리며 장단 맞추는 손끝에는 짜릿함이 일었다. 실수로 맛있는 라면을 끓여 선생님께 칭찬받을 상상을 마음껏 하며 음악 시간에 배운 동요 한 곡 멋들어지게 부르고 있을 때 "라면 다 끓였니?" 하며 선생님이 부엌으로 들어오셨다.

갑자기 모든 것이 멈춰 버렸다. "아니요, 지금 물을 끓이고 있어요." 겨우 새어 나오는 목소리다. 그러나 내 대답엔 아랑곳없이 "왜 풍로에서 끓이지 않고 힘들게 솥에다 하니?" 하시며 솥뚜껑을 여는 순간, 눈이 커지는 선생님의 표정을 놓치지 않았다. 뭔가 대단히 잘못되었음을 직감하며 선생님 눈치를 계속 살피는데, "라면 두 개 끓이는데 물이 한 솥이네. 아이고! 이 물이면 라면 스무 개는 더 끓일 수 있겠다."고 하신다.

처음부터 자신 없이 시작한 일이었지만 그제야 원인을 알아낸 나로서는 쥐구멍에라도 들어가고 싶었다. 빨개진 얼굴이 활활 타오르는 장작의 열을 받아 더욱더 뜨거워졌다. 지금까지 좋은 이미지로 학교생활을 해왔는데, 어린 마음에 선생님께 내 부족함을 보인 것 같아 정말 속상했다. 선생님이 잠시 고민하더니 라면 열다섯 봉지를 더 사 오라고 하신다. 이참에 전교 선생님들 점심을 라면으로 해결해야겠다며 웃으신다.

점심시간이 끝나고 5교시가 시작되었다. 눈길 둘 곳 없어 안절부절못하는 나에게 따스한 시선이 느껴졌다. 조금은 장난기 있는 표정과 인자함이 가득 담긴 미소로 나를 바라보는 선생님의 미소는 너무나 따뜻했다. '신新라면 끓이는 법' 때문에 감히 선생님과 맛있는 점심을 함께할 수 있었고, 구수한 추억도 만들 수 있었다. 넘치는 것이 다 좋은 것은 아니다. 부족함 가운데 정이 있고 사랑이 싹튼다. 라면 한 개가 정말 귀했던 시절, 꼭꼭 감추었다가 한 번씩 꺼내 볼 때마다 빙그레 웃음이 나오는 추억이다.

맛있는 라면처럼 어린 시절 시골의 추억이 익어간다. 저 멀리 어디에선가 시골의 정적을 깨뜨리는 종소리가 은은하게 울려온다.

만남의 기쁨

봄 마중을 나가는 배가 위풍당당하다. 출항한 지 몇 시간 후, 팔딱팔딱 뛰는 고기 대신 서귀포의 싱그런 봄을 가득 싣고 귀항하는 배는 이미 만선滿船이다. 하선하는 사람들 손에는 한 다발의 수선화 향이 가득 넘치고 행복한 얼굴마다에 이미 봄은 와 있었다.

한국문인협회 서귀포지부에서 주최하는 '시詩로 봄을 여는 서귀포' 행사에 참석하게 되었다. 올해로 8회를 맞이하는 행사지만, 처음 참가하게 된 나의 마음은 어린 시절 소풍을 앞두고 설렘으로 잠을 설치던 아이처럼 마냥 들떠있다.

익숙하지 않은 길이라 이정표를 보며 찾아간 서귀포 천지연 어선전용부두에는 이미 많은 사람이 봄 마중을 나와 있었다.

그중에서도 낯이 익은 회원들을 만날 수 있어서 봄을 맞이하기에 앞서 우선 반가웠다.

간단한 악수로 반가움을 대신하고 셋째마당 「새봄맞이 시낭송」을 참석하기 위해 식당으로 자리이동을 했다. '금강산도 식후경'이라고 지글지글 익어가는 토종 흑돼지의 고소한 냄새가 시장하던 위를 살짝 깨워준다. 정으로 가득 채운 잔을 높이 들어 '짱'하고 부딪치는 맛은 임금님 주안상이 부럽지 않았다. 눈앞에는 푸른 바다가 펼쳐져 있고 크고 작은 어선들이 바다 위에 집을 지은 양 옹기종기 모여 있는 풍경을 안주 삼아 정다운 회원들과 마주한 오찬이다.

셋째마당을 끝으로 행사가 마무리되면서 그냥 헤어지기가 아쉬워 K 선생의 안내로 '외돌개' 구경을 하기로 했다. 어쩜 서귀포는 천혜의 자원이 이렇게도 아름다울까. 아무리 강조해도 지나침이 없다. 신이 내려와 빚어놓고 간 것이 아닐까라는 착각이 들 정도다. 바다 절벽에 둘러싸여 우뚝 서 있는 외돌개가 외로이 서 있는 모습을 보니 벗이 되어주고 싶었다. 먼 바다에서 보면 대장군이 진을 치고 있는 것 같다고 하여 '장군석'이라고도 불린다. 멋진 사진 한 장으로 이 외로운 바위를 위로해 주고 싶다.

누군가에게 가끔 친한 사이라는 말을 들을 때가 있다. 어디에 기준을 두고 하는 말인지는 모르겠으나, 왠지 들으면 기분이 좋아지고 요란하지도 화려하지도 않은 은은한 수선화 향기처럼 늘 그윽하다. 문인을 만나면 누가 말을 하지 않아도 친한 사이라는 느낌이 전해온다. 은근히 뜨거워지는 숯불처럼 대화도 잘 풀리고, 마음도 서서히 열리고, 믿음도 활짝 다가온다. 그 느낌을 '시詩로 봄을 여는 서귀포' 행사에 참석하고 난 후 훨씬 가까이 받았다. 나로서는 두 마리 토끼를 다 잡은 셈이다. 마음가득 봄을 담아서 좋았고, 평소에 자주 만나지 못하는 문인들과는 친한 사이라는 호칭을 얻어서 좋았다.

나는 문학과 더 친한 사이가 되기 위해 여기저기 문학모임을 기웃거리고 다닌다. 지난 십 년 가까이 이 책 저 책을 통해 문학공부를 했고, 그 답을 얻으려고 여전히 쓰고 또 공부하는 중이다. '문학은 무엇인가?' 지금도 그 질문에 나름의 생각을 펼치며 해답을 얻으려고 고심한다. 특히 내가 관심을 가지고 있는 좋은 수필에 대한 답을 찾기 위해 훌륭한 수필, 감동적인 수필을 구별해보기도 하고, 우리 시대가 요청하는 수필은 무엇인가에 대한 답을 얻기 위해 좋은 수필과 그렇지 못한 수필의 예를 들여다보기도 한다. 그렇지만 문학에 대한 정의가 오류의 역사였고,

문학적인 것이란 늘 새롭게 발견되는 것이었다. 식당에서 자장면과 짬뽕 중에서 무엇을 시킬 것인가를 잘 결정하지 못하는 거와 같이 내 마음의 가장자리에는 언제나 문학이 서성이고 있었다.

인간에 대한 관심, 세상에 대한 관심, 사물에 대한 관심에서부터 문학은 출발한다고 배웠다. 관심이 생겨야 궁금해지고, 상상하게 되고, 이해하게 되고, 사랑하게 되는 것이 아닌가 한다. 세상과 인간에 대한 관심은 곧 사랑의 조건이다. 문학도 마찬가지가 아닐까. 사람들은 왜 이렇게 힘든 문학을 해야 하는지, 이 작품을 쓴 작가는 어떤 사람인지, 언제 어떤 상황에서 쓴 것인지, 이 작품은 어떤 메시지를 전하고 있는지 항상 궁금했다. 문학은 가까우면서도 먼 존재다. 문학은 깊고 먼 근원에 대한 질문인 것 같다. 그래서 사람들은 문학을 공부한다는 것은 이 세상과 우주에 대해서 공부하는 것이라고 말하는가 보다.

문학을 공부하면서 근원에 대해 신경을 쓰는 것은 어리석은 일이라고 생각하는 사람도 있을 것이다. 우리의 근원은 나를 이 세상에 나오게 한 본질을 생각하는 것일 뿐, 나의 삶을 어떻게 만들어 나가느냐 하는 것은 결국 각자의 손에 달려 있는 것이다. 삶은 끊임없이 새로운 과정을 만들어 감으로써 가치 있는 것이 되지 않을까. 이 과정은 삶과 세상의 근원에 대해서 생각함으로써 가능한 것이다.

문학에서든 인생에서든 만남은 우리에게 희망과 용기와 사랑을 전해주는 매개체가 된다. 어떤 장소에서 누구를 만나든 상대방에게 최선을 다하고 진심으로 대하면 그 만남은 훌륭한 것이 된다. 봄이 오는 길목에서 좋은 만남, 아름다운 만남이 봄바람과 함께 나에게 다가왔다. 그동안 나는 이런 만남을 애타게 갈망하고 있었는지도 모를 일이다.

사람들은 모두 어디로 가는 걸까. 가고 또 가도 우리의 삶은 안타깝게도 알 수 없는 어딘가로 향해 가고 있다. 누군가 문학은 미지의 것을 찾아 가는 작업이라고 했다. 말하지 않은 것, 말 못하고 남은 것, 말만 둥둥 떠다니는 곳에서 무언가를 일구어 내는 일이 문학이 아닌가 싶다. 보이는 것 뒤에 숨어있는 무언가에서 형체를 만들어 언어로 표현해내는 것이 문학이라면, 사람과의 진정한 만남이라는 것도 저 하늘의 구름으로부터 새로운 의미를 찾아내는 것이 아닌가 한다.

봄이 오는 길목에서 마음이 따뜻해지고 아름다운 미소가 가득해지는 '만남'의 하루였다.

망동산에 피는 꿈

학교에서 돌아온 딸아이의 옷이며 신발이 흙으로 얼룩져 있다. 흙장난이라도 한 줄 알고 조금 나무랐더니, 망동산 가족 텃밭에서 김을 매었단다. 여덟 살 조그만 고사리손으로 쪼그려 앉아 친구들과 김을 매고 있는 모습을 상상하니 대견스러운 마음이 들었다. 딸아이도 그 일이 신기하고 좋았던지 조잘거리며 자랑을 하였다. 텃밭에서 우리 가족이 가꿔야 할 채소는 오이라는 말도 빼놓지 않았다.

아이의 학교에는 300평 남짓한 텃밭이 있다. 몇 년 전부터 오이며 고추·옥수수·방울토마토·상추·열무 등을 농약을 쓰지 않고 자연 그대로 가꾸어 학교 급식에 사용하고 있다. 농약을 너무 많이 사용해 먹거리에 비상이 걸렸다는 내용이 늘

방송되는 요즘이다. 그래서인지 아토피 피부염이 환경과 먹거리에서 많이 온다는 사실에 비추어볼 때, 초등학교 학생들이 선생님과 학부모, 학생이 하나가 되어 망동산 텃밭에 채소를 직접 기르고 가꾸어서 급식에 사용되니 안심이 된다. 또한 직접 심어서 가꾼 채소를 먹는다는 뿌듯함에 입맛이 더욱 더 좋을 것 같다.

가족과 함께 근교의 주말농장에 가서 직접 텃밭을 가꿔보는 것은 가정교육은 물론 공동체 정신을 키워준다는 의미에서도 대단히 훌륭한 방법이 될 수 있을 거로 생각해 본다. 온 가족이 여러 가지 채소를 심은 후 누구의 채소가 제일 잘 자라는지 선의의 경쟁을 해보는 것도 의미 있는 일이다. 물론 아이들이 짓는 농사인지라 물을 주고 잡풀을 뽑는 정도이겠지만, 그 자체만으로도 건강한 땀을 흘릴 수 있다. 기르는 즐거움도 크지만, 직접 기른 채소를 먹는 재미도 쏠쏠하다. 평소에는 잘 먹지 않는 아이들이 자신이 키운 야채를 직접 먹는 기회를 갖는다는 것에 신기함을 느끼게 된다.

딸아이가 김을 매고 온 며칠 후 '토요일 아침 9시에 망동산 김매기가 있다.'는 한 통의 문자가 왔다. 문자를 보는 순간 아이들이 김을 매면 얼마나 잘 맸으랴 하는 생각과 함께 웃음이 났다. 마침 시간이 되어 딸아이와 함께 장갑과 호미를 챙기고 가족 텃밭이 있는 망동산으로 갔다. 모종을 심을 때 참석하지 못해 많이 궁금했던 터라 도착하자마자 텃밭을 휘둘러보았다. 고추며 방울토마토, 오이를 나무막대가 지지대로 턱 하니 받치고 있다. 하나하나에 지지대를 매어준 정성에 모종들도 고마운지 작은 바람에 살랑 흔들며 인사를 해왔다.

저만치 '지영이네 가족'이라는 조그맣고 앙증맞은 팻말이 눈에 들어왔다. 팻말에 이끌리듯 다가가 자리를 잡았다. 딸아이도 함께 돕겠다며 옆에서 분주하다. 며칠 전 김을 맸던 흔적이 군데군데 남아있다. 한쪽 옆에는 다른 가족의 팻말이 있는데 김매기를 안 했는지 제법 웃자라 있었다. 아무리 고사리손이지만 손길이 닿은 곳과 그렇지 못한 곳의 차이를 확연히 느낄 수 있다. 딸아이에게 깨끗이 김을 매었다고 칭찬해주니 얼굴에 미소가 가득하다. 김을 매면서 오이 모종에 조그만 목소리로 속삭였다. '오이야, 무럭무럭 자라서 예쁜 열매 많이 맺고 맛있는 먹거리로 우리 학교 학생들에게 건강을 주렴.' 내 부탁에 답이라도 하듯 노란 오이꽃이 수줍은 듯 얼굴을 내밀었다.

사람이 먹는 음식은 생명과 직결되어 있다. 음식으로 장난을 치는 사람이 많다. 하물며 맛집으로 소문난 음식점도 내부를 들여다보면 문제점투성이다. 위생도 엉망이고 재료도 유통기한이 지난 것부터 먹다가 남은 음식을 재활용하는 것을 보니 기가 막혔다.

그들의 가족이 먹을 음식도 이럴까 싶은 생각이 든다. 모든 병은 음식에서 온다. 몸에 좋은 재료로 얼마나 정성을 들여 음식을 만들어 내는가에 따라 건강도 달라진다. 내 가족이 먹는다고 생각하고 농약 사용도 줄이고 정성을 다해 재배한다면 우리 농산물과 먹거리를 안심하고 먹을 수 있을 것이다. 친환경이나 유기농 같은 방식으로 농사를 지을 수 있게 정부에서도 적극적으로 도와준다면 얼마나 좋을까. 믿고 먹을 수 있는 먹거리는 우리의 건강을 보장한다. 고사리 같은 손으로 김을 매며 농약을 전혀 사용하지 않고 길러내는 망동산의 채소를 먹고 아이들의 미래도 건강해지길 바라본다.

한참 동안 밭을 매다 보니 다른 가족들이 도착했다. 모두가 한마음으로 가족 텃밭을 열심히 가꾸었다. 열무는 벌써 자라 김치용으로 급식실로 갔단다. 상추도 넓고 여린 푸른 잎을 자랑하며 '따먹어 주세요.'라며 자태를 뽐내고 있다. 호미를 지참하지 못한 가족은 김을 매는 대신 상추며 치커리를 정성껏 땄다. 아이들은 텃밭 가꾸기를 통해 흙의 소중함을 알게 되고 풀과

흙과 바람 냄새를 맡으며 식물이 자라는 과정을 보게 된다. 자기 손으로 김을 매고 여러 가지 모종을 길러 봄으로써 살아있는 교육을 하고 자연의 소중함을 몸소 익힌다.

자연과 단절된 채 아스팔트와 시멘트에 갇혀 자라는 도시 아이들은 좀처럼 보기 어려운 텃밭 체험을 틈만 나면 할 수 있기에 햇볕에 그을려 거뭇해진 얼굴이 더없이 건강하게 보인다. 농촌 아이들은 자연과 더불어 자라난다. 얼마 전 잠자리에서 아이들에게 읽어 준 이솝 우화에 나오는 「서울쥐와 시골쥐」를 다시 생각해 본다. "가난하지만 마음 편하게 살 수 있는 시골이 더 낫다."고 말하고 시골로 돌아간 시골쥐의 선택이 옳은 것이라 생각한다. 자동차 소음과 탁한 공기가 가득한 도시 아이들이 오늘따라 사뭇 안쓰럽게 느껴진다.

도시의 아이들은 그들이 주로 생활하는 콘크리트 벽에서 새어 나오는 유해물질과 각종 기계에서 쏟아지는 전자파 공해 속에서 자기도 모르게 병들어가고 있다. 이런 아이들을 위해 유럽에서는 '숲속 유치원'을 운영하고 있다. 숲속 유치원은 스웨덴에서 시작해 유럽 전체로 전파되고 있다. 숲속 유치원의 교육 철학은 "자연 속에서 아이들은 자신의 특별한 능력과 재주를 발달시킬 수 있다."는 것이다. 유럽은 도심 속에 공원이나 숲이 많음에도 불구하고 아이들을 위해서 이런 유치원을 별도로 만들어 운영하는 것을 보면, 그들의 자연을 통한 인간교육이 더욱더 부럽기만 하다.

김매기를 마치고 텃밭을 둘러보니 상추와 치커리 모종들이 더 튼튼하고 야물어 보인다. 훤하게 단장된 텃밭이 좋았는지 어디선가 나비 한 쌍이 날아와 여유롭게 노닐다 사라진다. 튼실하게 자라는 모종처럼 건강과 꿈이 함께 영글기를 소망해본다.

아름다운 소통

힘겹게 문을 열고 들어오는 손님이 있다. 삐쩍 마른 몸에 팔과 다리는 제멋대로 흔들린다. 얼굴 또한 많이 일그러져 있다. 하지만 티 없이 맑게 웃는 인상이 첫눈에 내 마음을 사로잡는다. "어서 오세요." 얼른 일어서서 손님을 맞는다. 처음 보는 손님인 데다 몸이 불편한 장애인이라 매우 낯설고 당황스럽다. 짐작건대 나이 사십 정도의 뇌성마비인 듯하다.

보호자 없이 혼자 농협에 온 걸 보면 겉모습과는 달리 심한 지적장애는 아닐지도 모른다. 그 생각도 잠시, 말을 하려는 순간 심하게 삐져나오는 혀 때문인지 말을 전혀 하지 못한다. 뭐라고 열심히 하긴 하는데 전혀 소통되지 않는다.

"으으 어어." 손님의 요구에 얼른 응하지 못하는 내가 답답한지 삐져나온 혀가 더욱 꼬인다. 답답한 건 나도 마찬가지다. 안 되겠다 싶어 정신을 집중하면서 손님과 눈을 맞추어 본다. 사람은 눈을 보면 진실이 보인다고 하지 않는가. 손님도 나의 뜻을 읽었는지 마음이 좀 가라앉는 눈치다. 메고 온 가방에서 통장과 도장을 꺼내어 쑥 내민다. 그리고는 불편한 손으로 글 쓰는 시늉을 해 보인다. 얼른 볼펜과 메모지를 건넸다. 손님의 얼굴이 환해진다.

메모지를 받아 보니 숫자가 적혀 있다. 숫자 네 자리는 비밀번호인 듯하다. 그 옆으로 '10000'이라고 적혀 있다. 또 그 아래로는 '100000'이라고 적혀 있다. 손님 눈을 주시하면서 물어본다. "손님, 만 원권으로 십만 원 찾아가실 거예요?" 다행히 알아듣고 바로 대답이 온다. "으 어어." 하면서 손님의 입가가 실룩거린다.

그 손님을 처음 만난 건 지난해 추운 겨울이었다. 칼바람을 맞으며 서투른 걸음으로 어떻게 여기까지 왔는지 알 수 없다. 이런 날은 정상인도 나다니기가 어려운데 불편한 몸으로 농협을 찾아온 용기에 조용히 격려를 보냈다. 코끝이 빨개진 게 몹시 추워 보였다. 따뜻한 커피 한 잔을 권했다. 손님은 기다렸다는 듯이 머리를 끄덕이며 "으~으~어."를 반복한다. 아마 고맙다는 뜻일 것이다. 손님 접대용으로 드리는 알사탕 한 움큼을 호주머니에 슬며시 넣어 주었다.

손님이 가고 난 후 직원들이 한마디씩 한다. 말도 통하지 않으면서 남의 속을 잘 알아차린단다. 어느 직원은 몇 번을 거래해도 해석이 서투른데, 손님이 가려운 곳을 한 번에 시원하게 긁어 준다고 하니 괜스레 마음이 뿌듯해진다.

듣고 보니 그리 싫지는 않은 말이다. 나 역시 처음에는 그 손님을 보고 당황하지 않았던가. 그러나 진심으로 마음과 귀를 여니 말이 아닌 마음이 나에게 그대로 전해지는 것이다. 청각 장애인과 언어 장애인이 말을 대신하여 몸짓이나 손짓으로 표현하는 것이 수화이다. 수화를 사용하는 사람은 얼마나 불편할까 생각하면 마음이 아파온다. 신이 우리에게 준 가장 아름다운 언어를 제대로 사용하지 못하는 사람이 의외로 많다.

요즘 TV를 보면 많은 사람이 입에 담을 수 없는 언어들을 마구 쏟아 낸다. 그중에서도 나라의 얼굴이라 할 수 있는 국회의원들의 회의 장면을 보면 저질스러운 말과 행동이 화면을 덮는 경우가 많다. 저절로 눈살이 찌푸려진다. 그럴 땐 아이들이 볼까 전원을 얼른 꺼버린다. 어두워진 화면만큼이나 마음이 착잡해진다.

성서에는 유명한 바벨탑 이야기가 나온다. 원래 인간은 같은 언어로 이야기하고 번영하여 마침내 하늘에 닿을 수 있는 탑을 건설하려고 했다. 하늘에까지 닿고자 하는 인간의 오만함과 교만함에 놀란 하느님은 언어를 뒤섞어놓아 서로 알아듣지 못하게 한다. 많은 형벌 중에서 왜 서로 다른 언어를 사용하게 하는 벌을 내렸을까 궁금했다. 인간의 나쁜 생각과 그릇된 욕망이 모두 말의 잘못된 사용에 기인한 것으로 생각했고, 그리하여 언어의 분열과 혼란을 주어 뿔뿔이 흩어지게 하였던 것이다.

신으로부터 제각기 다른 언어를 부여받게 된 인간에게 최대의 과제는 소통이었다. 신은 인간에게 다른 언어를 부여함으로써 서로 자유롭게 의사소통할 수 없게 만들었다. 그 후 인간은 삶에 있어서 언어가 얼마나 중요한 수단인가를 깨닫게 되었고, 언어의 차이로 인해 분열하고 갈등하는 존재가 되었다.

하루에도 여러 차례 언어 소통의 어려움을 겪는다. 가족과 동료와 고객과의 대화에 어려움을 겪으면서 고립감을 느낀다. 소통의 부재는 나와 타인 사이에 커다란 강을 만든다. 그 사이를 배회하면서 우리를 이어줄 완전한 언어가 무엇일까를 생각해 본다. 이런 소통의 부재가 언제부터 인간의 운명이 되어버린 것인가.

오늘도 몸을 제멋대로 흔들며 그 손님이 들어온다. 항상 웃는 듯 편안한 얼굴, 아니 항상 웃고 있다. 직업의 특성상 늘 웃어야 하는 나와는 정말 다른 웃음이다. 마음에서 솟아나는 샘물처럼 맑다. 그래서 그 미소가 한없이 아름답다.

"어서 오세요." 직업 때문이 아닌 진심으로 환한 미소를 손님에게 보낸다. 자석에 끌리듯 내 앞으로 다가온다. "으으 어어." 하면서 통장 두 개와 도장, 그리고 쪽지를 건넨다. 이번 주문은 꽤 복잡하다. 자그마한 쪽지에는 여전히 숫자 몇 개 적혀 있는 게 고작이지만, 나는 어려운 암호를 풀 듯 한 번에 알아맞혔다. 잔액이 많은 통장에서 돈을 인출 후 정기적금통장을 만들고, 나머지는 다른 통장에 입금하고, 또 다른 나머지는 가지고 간다는 것이다. 원활한 의사소통 덕분에 빠른 일처리가 마음에 들었는지 손님이 또 한 번 환하게 웃는다. 인간에게 언어가 부질없을 때가 있다. 말 없는 따뜻한 눈길과 손길이 얼마나 진실하고 인간적인가.

손님과 나만이 통하는 마음의 언어, 그리고 주고받는 미소가 있어 사무실이 한층 더 환해진다. 우리의 삶을 행복하게 만들어 주는 것은 무엇보다 아름다운 마음의 소통이 아닌가 하고 생각해본다.

참기름 향기

무더운 여름을 입증이라도 하듯 5개월 된 아들 얼굴에 땀띠가 벌겋다. 여름의 중간까지도 잘 넘어가나 싶었는데, 지는 해가 더 뜨겁듯 여름의 끝자락에서 연약한 피부가 굴복하고 말았다. 시어머니께서 손자 얼굴을 보더니 걱정이 크다. 말 못하는 아기가 얼마나 가렵겠냐며 빨리 병원에 가보란다. 그래서인지 아기 역시 귀와 볼을 고사리 같은 손으로 연신 문질러댄다. 얼마나 문질러댔는지 아기 귓불이 찢어지고 얼굴은 더욱 빨개지고 말았다.

아기의 상태를 보니 내 마음이 더욱더 아프다. 정말 병원에 가야 될 듯싶다. 그런데 걱정이다. 무엇이든 입으로만 가져가는 아기의 습성 때문에 병원 약을 얼굴에 바르면 아기가 다 빨아 먹을 것이 불을 보듯 뻔하다. 이래저래 고민하던 중 돌아가신 친정어머니가 하신 말씀이 불현듯 생각났다.

해마다 친정어머니는 양념한다며 참깨를 재배하였다. 튼실한 수확을 위해 잦은 깨를 솎아 주고 김도 매주며 정성을 들였다. 참기름은 맛과 향이 고소한 만큼 공도 많이 든다. 7~8월에 꽃이 피어 알이 여물기 시작하는데, 먼저 익은 순으로 베어서 한 줌씩 묶는다. 퍼런 참깨 대가 삭을 때까지 햇빛에 잘 말린다. 말리는 중간중간 참깨 묶음을 거꾸로 들고 막대기로 탁탁 두드려주면 입이 벌어져 있던 참깨가 기다렸다는 듯이 하얗고 조그만 알맹이를 사르르 토해낸다. 어머니는 허옇게 떨어진 참깨를 체로 쳐서 알맹이만 곱게 고른다. 마지막으로 햇볕에 바싹 말린 참깨로 기름을 짜서 자식들에게 한 병씩 나눠주면 어머니의 참깨 수확이 끝났다.

어머니가 돌아가시기 전해에도 편찮으신 몸이지만 참깨 수확을 거르지 않으셨다. 친정에 갈 때마다 참기름을 한 병씩 가져오곤 했다. 지금까지는 어머니가 주시면 그냥 맛있게 받아먹었다. 하지만 이번에 주신 참기름은 왠지 얼른 먹어버리고 싶지 않아서 싱크대 안쪽에 잘 보관해 두었다. 그로부터 몇 개월 후 어머니는 돌아가셨다.

폐암이란 말을 듣고 부리나케 문병을 하러 갔더니 나를 보고 어머니는 독백같이 이야기했다. "어제는 까만 옷을 입은 사람이 데리러 왔더라…." 누구라도 임종이 가까우면 정신이 맑아져 자기가 돌아갈 때를 안다더니, 뜬금없는 말씀에 나는 펄쩍 놀라 순간적으로 벼락 맞은 것처럼 가슴이 무너지는 소리가 들렸다. 강물이 바다에 이르기 위해 강을 버리고 떠나듯, 어머니는 처음 왔던 곳으로 돌아가려고 하나 보다. 이 한 많은 속세에서 온갖 고난 다 치르고 임종을 맞으실 일이 큰 축복이라 여기시는 듯 거짓말같이 평안한 모습을 하고 계셨다. 어머니의 손은 싸늘하게 식어가고 있었다.

이제 따뜻한 어머니의 손을 더 잡을 수 없다. 그때 어머니의 손을 더 꼭 잡고 있을 걸 그랬다. 그때 어머니에게 사랑한다고 더욱 자주 말할걸, 어머니에게 다하지 못한 말을 이제는 막연히 하늘을 보면서 말할 뿐이다. 해 질 녘 뜸부기 우는 소리가 들릴 때마다 어머니가 돌아오기를 기다리지만, 고향 토담집 담 너머 별들을 바라보며 자식 걱정을 하던 어머니는 이제 돌아올 수 없는 곳으로 가버렸다. 지금도 먼 나라에서 북두칠성 바라보며 자식 생각만 하실 것이다.

자식들이 오는 날에는 힘들게 구한 하얀 쌀을 아궁이에 가득 채워놓고 소나무 가지 뚝뚝 꺾어 불 지피고 돌아앉아 홀로 눈물 지으셨다. 나무들이 내뿜는 연기 속에서 기도하는 마음으로 생명의 불꽃을 만들어간다. 흐르는 눈물이 옷소매를 적시면 어머니의 하얀 얼굴에도 눈물이 흐른다. 손바닥으로 이리저리 연기를 휘저으며 자식들을 위한 밥이 익어가는 냄새는 어머니의 향기이다. 굴뚝에서 피어오르는 하얀 연기는 어머니의 보이지 않는 사랑이었다.

어머니는 손수 수확한 참기름을 주시면서 아기가 기저귀 발진이나 땀띠 같은 피부 질환이 있을 때 발라 주라고 하셨다. 수입 참기름은 절대 안 된다는 말을 덧붙이셨다. 그 생각이 미치자 병원을 잠시 보류하고 어머니가 주신 참기름을 발라 보기로 했다.

아기가 잠들기 전 깨끗하게 목욕시킨 후, 참기름을 얼굴과 귀, 목과 엉덩이 순으로 골고루 발라주었다. 내일 아침이면 피부가 깨끗해지기를 잔뜩 기대하면서 말이다. 하지만 다음날 아기의 얼굴을 보니 별반 달라진 것이 없어 보였다. 혹시 효과가 없는 게 아니냐는 생각을 잠깐 했지만 첫술에 배부르랴. 이틀이 지나고 사흘이 지나 어느덧 아기의 얼굴이 하얗게 되어가고 있었다. 상했던 귀도 많이 좋아졌다. 기저귀 발진도 다 나았다.

정말 다행이다. 시어머니와 나는 아기를 보며 미소 지었다. 아기도 기분이 좋은지 방긋 웃어준다. 특히 아기의 얼굴을 보며 징그럽다던 딸들이 더욱 좋아한다. “우리 동생 잘생겼네.” 하며 너스레를 떠는 큰딸의 말에 온 식구가 한바탕 웃음이다.

나는 그 후로도 피부 발진이 있을 때마다 참기름을 발라 준다. 참기름 병뚜껑을 열면 확 풍겨오는 참기름 향에서 구수한 친정어머니 냄새가 난다. 한 방울 두 방울 참기름을 짰을 어머니의 고생을 생각하니 아까워서 함부로 먹을 수가 없다. 내 기억으로 어머니는 절대 수입 참기름은 쓰지 않으셨다. 그래서 어머니가 해 주신 음식이 더 맛이 좋았던 걸까. 이제 더는 맛볼 수 없는 어머니의 참기름이다.

어머니가 남겨주신 참기름을 조금씩 아껴 쓰면서 어머니의 체취를 오래도록 맡으리라고 생각했다. 또한 아기 피부가 뽀얗게 변하는 모습에서 어머니의 손길이 닿고 있음을 느끼며, 오늘도 참기름 뚜껑을 열었다가 어머니의 향기가 날아갈까 봐 얼른 닫았다. 마음에 퍼지는 참기름 향기만큼이나 어머니의 냄새가 그리운 날이다.

4부

마지막 잎새처럼

새 날다

늦가을 어느 날, 조그맣게 열어둔 사무실 창 사이로 이름 모를 새 한 마리 날아들었다. 작은 새는 갑자기 바뀐 환경에 놀란 듯 이리저리 정신없이 날아다니다 창문에 머리를 박으며 방향감각을 잃었다. 한주먹도 안 되는 몸이 다치기라도 할까봐 조바심이 난다. 어떻게든 탈출시켜야 한다는 생각에 당황스러우면서도 걱정이 앞섰다.

작은 새는 부단히 날아다닌다. 어떻게든 이곳을 빠져나가야겠다는 몸짓이다. 날다가 지치면 천장 모서리에 앉아 숨을 고른다. 목이 말랐는지 부리를 벌린 채 헉헉대는 모습이 안타깝다. 물이라도 한 모금 먹여주고 싶은데 마음뿐이다. 잠시 숨을 고르는가 싶더니 앉았다 날기를 반복하며 점점 지쳐가는 새를 보고 있자니 가만히 앉아 있지를 못하겠다.

업무를 중단하고 새를 쫓았다. 작고 어린 새가 겁에 질려 있는 모습을 보고 있으려니 도저히 불쌍해서 안 되겠다. 어딘가에 가족이 있을 텐데 한순간에 길을 잃고 방황하는 신세가 되었으니 얼마나 불안하고 무서울까.

새 쫓기를 시작한 지 한 시간이 넘어간다. 새도 지치고 나도 힘들다. 방법을 바꿔야겠다. 사무실이 넓어서 좁은 휴게실로 새를 몰았다. 창문을 열어두고 제발 나가주기를 빌고 또 빌었다. 이 공간을 벗어나 하늘을 마음껏 날아 가족이 기다리는 곳으로 갈 수 있기를 간곡히 바라며 조심조심 몰았다.

모든 사물은 있어야 할 자리에 있을 때 가장 아름답다. 나무는 숲을 이루며 존재할 때 가치가 있고, 사람은 지금의 위치에서 최선을 다하는 모습에서 진정한 삶의 의미를 찾고 보람을 느낀다. 새는 자유로이 하늘을 날아다닐 때 비로소 새가 된다. 멈추지 않고 날갯짓하던 새가 드디어 탈출했다. 작은 창문 틈으로 몸을 날려 허공을 가르는 모습을 보니 마음이 찡하다. 답답하던 가슴이 후련해진다. 푸른 하늘을 날개를 홰치며 쏜살같이 날아가는 새를 보고 있자니 내 가슴에 묻어뒀던 아들이 마음껏 날아가는 듯하다.

사람을 만난다는 것은 하나의 세계를 만나는 것이다. 그 사람과 이별을 하면 하나의 세계와 이별하는 것이 아닐까. 그렇기에 사람과 헤어진 후에 우리는 많은 상실감을 동시에 만나게 된다. 세상에는 차마 다 알지 못할 정도의 아름답고 소중한 만남이 있다. 그것이 인연이든 조우이든 소중한 만남과 헤어지는 것은 곧 이 세상과 헤어짐을 의미하는 것이다. 우리가 알지 못하는 소중한 세계가 있듯이, 우리가 버릴 수 없는 세계가 있다.

내 생명과 바꾸어도 절대 아깝지 않을 사랑하는 아들을 가슴에 묻었다. 세상에 태어난 지 칠 년 만에 어미 품을 떠나 다시는 올 수 없는 새로운 세상으로 떠나버렸다. 그 작고 여린 몸을 지켜주지 못한 어미는 끝내 아들을 보낼 수 없어 가슴에 꼭꼭 숨겨두었다.

장례 문제를 놓고 남편은 화장한 뒤 강물에 뿌려 주자고 했다. 하지만 도저히 그럴 수가 없었다. 어미 품에 안긴 지 고작 칠 년인데 이대로 강물에 흩뿌려버리면 아들의 흔적이 영영 사라지는 것 같아 마음이 편치 않았다. 결국 화장하고 한 줌의 재를 양지 공원에 안치했다.

또래 아이들은 마음껏 뛰놀고 한없이 자유로웠을 시간에 조그만 침대에서 오랜 시간을 병원 생활 하느라 참 많이도 갑갑하고 힘들었을 것이다. 그런 아들을 보낼 수 없어 엄마 곁에 둔다는 욕심으로 어둡고 캄캄한 유골함에 보관했다. 얼마 전 양지공원을 다녀오는데 지금이라도 아들의 유골을 자유롭게 놓아주자며 남편이 또 말을 건넨다.

높은 산에 올라 바람에 맡기면 바람이 가는 곳은 어디든 갈 수 있어 좋고, 나무 밑에 묻어주면 나무가 자라는 만큼 아이도 자라 자연을 느끼며 어른 나무가 되어도 좋다. 흐르는 강물에 뿌리면 바다로 흘러가 넓은 세상 유유히 흐르며 가보지 못한 세상 구경도 할 수 있으니, 아이가 가고 싶은 곳 맘껏 갈 수 있도록 보내주자고 한다. 생전에도 사람 많은 곳 좋아하고 놀러 가는 것 좋아해서 어디를 가도 잘 어울려 놀던 아이다. 장난스럽고 유머가 넘쳐 누구에게나 사랑을 받았다. 병원 생활하면서 제일 부러운 게 밖에서 뛰노는 친구들이라고 하며, 치료 다 끝나고 집에 가기만을 손꼽아 기다리던 아이다.

그 마음을 어찌 모르랴. 하지만 영영 보낼 준비가 덜 된 나 자신을 어찌할 수가 없다. 그리움에 지쳐 보고 싶은 마음이 마르지 않는다. 일주일에 한 번 아들을 만날 수 있는 주말이 오기만 기다린다. 양지 공원 가는 길이 슬프면서도 설렌다. 아들의 사진을 만지며 두고두고 못다 한 말 나누고 느낄 수 있음이 좋다. 사진 속 아이와 눈을 맞추고 입을 맞추다 보면 엄마를 부르며 금방이라도 문을 열고 나 올 것만 같다.

거리를 지나다 새장에 있는 새를 본 적이 있다. 조잘거리는 모습이 예뻐 보여 한동안 자리하고 바라보는데, 쉼 없이 재잘대는 소리 속에 원망이 섞여 있는 것처럼 들렸다. 날고 싶다고, 넓은 창공을 마음껏 누비고 싶다고 외치는 소리를 우리는 외면하고 있는지도 모르겠다.

사무실에 갇혀 있던 작은 새가 훨훨 날아가는 모습에서 아들의 자유를 보았다. 새는 날아야 새다. 날지 않고 둥지를 지키고 있다면 그건 이미 새가 아니다. 날아오르는 게 힘들지라도 열심히 날갯짓하며 날아올라야 아름답다.

가슴에 묻은 아들이 자유롭게 날 수 있도록 마음속에 걸어 둔 빗장을 열자. 한없이 커지는 내 욕심을 허공으로 날려 보내야겠다. 날다 보면 정신없이 몰아쳐 오는 폭풍우도 만나고, 견디기 힘든 고통과 험한 상황도 오겠지만, 잘 이겨내고 가볍게 날 수 있는 날을 기대해본다. 사무실에 갇혀 공포에 떨고 있던 작은 새가 부단한 노력 끝에 제 갈 길을 찾아 힘껏 날아가듯이, 아들아! 그렇게 날자.

내 몸값

오름 동아리에서 산행을 하였다. 오름 둘레를 걸어 나오는데 길옆 밭에 무가 알몸을 드러낸 채 나뒹굴고 있었다. 일행 중 한 분이 너무 아깝다며 주워다 먹었으면 좋겠다는 말을 한다. 나 역시 힘들게 농사지은 무를 고스란히 버린 걸 보니 무밭 주인인 양 마음이 아팠다. "우리 무도 6,000평 갈아엎었수다."라며 J 친구도 한마디한다.

요즘 농산물 시세가 하루가 다르게 내린다. 감자, 무, 구좌지역의 주산물인 당근 등이 그렇다. 작년보다 가격이 대폭 하락하였다. 농사에 전문지식이 없어 그 이유를 확실히 알지는 못하지만, 작년에 농산물값이 좋았던 관계로 너도나도 파종해서 수요보다 공급이 훨씬 많아진 게 아닌가 싶다.

가격이 폭락했다는 이유로 출하도 못 해보고 씨내린 그 자리에서 흙으로 돌아간 무가 안쓰럽다. 작년까지만 해도 좋은 값을 받아서 농가에 보탬을 주고 상품으로 당당하게 자리했던 무다. 아무리 좋은 물건이라도 판로가 없으면 짐이 될 뿐 상품 가치가 떨어진다. 그렇게 무는 한마디 항변도 못 해보고 내 뜻과는 상관없이 생을 마감해야 했다.

무참히 널브러진 무밭을 보니 얼마 전 우리를 놀라게 했던 대구 중학생 자살 사건이 생각난다. 생전에 못 했던 마음속 울분을 A4용지 네 장을 채우면서 한 자 한 자 풀어놓은 그 마음을 누가 어떻게 보상해 줄 수 있단 말인가. 하고 싶은 일을 해보지도 못하고, 어릴 적부터 품어왔던 소박한 꿈을 펼쳐보지도 못한 채 14년의 삶을 A4용지 네 장으로 대신한 그 심정을 어떻게 헤아릴 수 있을까.

참으로 못 할 일이다. 누구도 사람의 목숨을 함부로 할 수는 없다. 있을 수도 있어서도 안 될 일들이 우리 사회에서 아무렇지 않게 일어나고 있다. 유서에는 가해자들이 말로 표현하기 힘든 정도의 가혹행위를 한 점이 구체적으로 묘사됐다. 친구를 죽음에까지 몰아놓고 마치 아무렇지 않은 듯 문자를 주고받았다는 사실에 점점 어두워가는 사회의 단면을 보는 것 같아 마음이 씁쓸하다.

인간은 결코 상품이 아니다. 무처럼 가격이 오르면 대우받고 하락하면 버려져선 안 된다. 프로야구 K 선수가 모 구단과 고가에 계약했다는 소식을 들었다. 프로야구, 축구, 골프 등 운동이나 예술이나 어떤 분야도 몸값이란 게 있다. 하지만 그것은 엄연히 살아가는 데 필요한 하나의 과정이 아닐까 생각한다. 억대의 몸값이 아니면 어떠랴. 하루하루 벌어서 겨우 생활을 이어가도 꿋꿋하고 행복하게 살아가는 사람들이 얼마든지 많다.

현대사회에서는 인간을 기능적으로 평가하는 기계화와 상품처럼 생각하며 물질화하고 있다. 또한 필요에 따라 개조하고 만들 수 있다는 규격화를 하고 사회조직의 능률을 촉진하기 위해 획일화한다. 이런 현상은 모두 과학기술주의와 물질만능주의의 영향이다. 특히 물질만능주의는 인간 위에 군림하면서 인간을 기계의 부품이나 소모품으로 생각한다. 인간의 윤리와 도덕적인 문제를 도외시하면서 진선미에 대한 가치추구와 인간애의 실천에서 멀어지게 하였다. 그래서 인간의 명예, 권력, 물질에 대한 추구가 주요한 삶의 목표가 되게 했다. 이는 인간을 윤리와 도덕적으로 타락시켰으며 자신을 파괴하기도 하는 폭력성이 나타나는 계기를 만들었다. 더 나아가 인간 고유의 개성과

정체성에 대한 존엄마저 사라지게 만드는 인간성 위기를 낳게 되었다.

상품은 가격에 의해 평가될 수 있지만, 인간은 상품이기 전에 아름다운 영혼이 있는 한 생명이다. 삶이 아무리 힘들어도 가족이 있기에 이겨낼 수 있고 친구가 있어 험한 길도 헤쳐갈 수 있다. 스승이 있기에 내가 모르는 것도 이끌어 주고 가정이 있어 모든 허물을 보듬을 수가 있다.

돈은 인간 삶의 역사와 궤를 같이한다. 현대사회에서 일어나는 수많은 살인과 절도, 남과 비교하면서 자신의 처지를 비관하고 돈으로 자신의 주변을 비참하게 만드는 못된 본성은 어쩌면 인간 삶의 본질인지도 모른다. 성경에서 가장 많이 나오는 구절 중 하나가 돈과 관련된 것이다. 돈과 부, 부와 인간에 관련된 구절은 수천 개에 이른다고 한다. 그만큼 돈은 삶의 중요한 요소이며 동시에 정신이나 영혼과도 밀접한 관계를 갖는다.

유명한 미래학자인 앨빈 토플러는 말했다. "권력의 원천은 폭력과 부와 지식으로 나눌 수 있다." 그가 말하고자 하는 핵심은 가장 이상적이고 민주적인 권력의 원천은 지식과 지혜에 있다는 것이다. 그러나 폭력과 돈의 힘에만 의지하는 권력은 반드시 한계상황에 부딪힌다고 한다.

우리 현대사는 정치가의 권력과 돈의 관계가 항상 문제가 되어왔다. 부패는 개인과 집단의 부패로 나눌 수 있다. 개인적 행태의 부패성은 주로 명예욕, 당파성, 탐욕 등으로 나타난다고 한다. 반면 집단적 행태의 부패성으로는 집단 이기주의, 혈연주의, 권력형 독재주의, 사회적 부정부패 등을 들 수 있다. 이런 부패의 배후에는 권력이 존재하고 있으며, 이런 물신숭배는 결국 저주로 이어질 수밖에 없다. 권력형 부정부패, 재벌의 왕자의 난은 따지고 보면 모두 돈 때문에 일어난 비극이다. 겉으로는 '민주화', '개혁', '사회정의' 등으로 포장됐지만, 그 내면에는 오직 돈만을 추구하는 물신숭배로 가득 찬 권력이 존재하고 있다.

인간에게는 물질 못지않게 중요한 것이 영혼이고 정신이다. 세상은 결코 혼자가 아니다. 힘들고 지치면 누군가의 어깨에 기대도 좋다. 그 대상이 부모든, 형제든, 친구든, 스승이든 간에 마음 열어 따뜻이 보듬어 줄 수 있는 사람이면 좋겠다. 생명보다 더 소중한 건 없다. 순간이 아무리 아프고 힘들어도 죽을힘을 다해 견뎌야 한다. 인생에서는 항상 겨울이 지나면 봄이 오고, 비가 지나고 나면 다시 태양이 뜨고, 슬픈 날이 지나고 나면 웃을 날이 온다. 이 세상에서 가장 중요한 존재는 나 자신이며 세상 무엇과도 바꿀 수 없을 만큼 고귀하다.

죽음보다 더 아픈 건 없다. 사랑하는 사람을 잃어보지 않은 사람은 알지 못한다. 너무 보고 싶어도 다시 볼 수 없다는 현실이 얼마나 가슴을 찢어 놓는지 모른다. 짧지 않은 삶을 살아오면서 가장 소중한 인연은 하나이겠지만, 진실한 삶이란 인간을 인간답게 여기는 사고 속에서 찾을 수 있을 것 같다. 시골구석에서 오직 착하고 진실 하게 살아가려고 애쓰고 있는 내 몸값은 얼마나 될까?

코스모스의 행복

팔월의 끝자락이다. 떠나는 것이 아쉬운지 여름은 마지막 자락을 붙잡고 놓지 못한다. 태양이 쉴 새 없이 더운 김을 훅훅 불어댄다. 그 힘에 밀려서 할 수 없이 몸 밖으로 쫓겨나온 땀방울들이 내 몸에 착 달라붙어 떨어질 줄 모른 채 조금만 건드려도 조르륵 흘러내린다.

언제나 이맘때면 찾아오는 반갑지 않은 손님 열대야! 내 기분 따위는 아랑곳없이 이리저리 설쳐 다니며 밤잠을 못 이루게 하는 날이 하루 이틀이 아니다. 벌써 한 달 이상 비 소식이 없다. 지푸라기라도 잡는 심정으로 시원하게 작달비라도 한바탕 내려 얄미운 열대야를 쫓아내 주기를 내심 빌어본다. 파종을 마쳐야 할 시기인데 가뭄만 계속되니 타들어 가는 농부의 근심도 이만저만이 아니다.

나른한 오후다. 텅 빈 사무실에 앉아 냉커피 한잔에 음악을 듣고 있으니 졸음이 파도처럼 밀려온다. 그때 사방이 갑자기 어두워지며 남쪽 하늘에서 시커먼 구름이 빠른 속도로 밀려오더니 굵은 빗방울이 '후드득' 떨어지기 시작한다. 나의 조그만 바람이 하늘에 닿았나 보다.

순식간에 내린 소나기였다. 더위에 눌려 있던 흙내음이 빗줄기를 타고 기분 좋게 코끝을 스친다. 그동안 쌓여있던 피로마저 말끔히 씻어준다. 자기 세상인 양 마음대로 활보하던 먼지는 소나기의 힘에 눌려 손 한번 써보지 못하고 풀썩 주저앉고 만다. 가물었던 내 마음이 단비에 젖은 듯 다 후련하다.

단비란 꼭 필요할 때 알맞게 내리는 비다. 지금이 그렇다. 더 기분이 좋은 건 어제까지만 해도 비 예보나 비가 내릴 만한 어떤 변화가 없었기 때문에 내리는 비가 더욱더 반갑다. 빗줄기는 점점 더 강해졌다. 우산도 쓰지 않고 사무실 바깥으로 달려나가 근처의 밭을 둘러보았다. 어느새 밭은 축축이 젖어 들고 있다. 그동안 엄청나게 가물어 먼지만 풀풀 날리던 밭이 정말 오랜만에 마음껏 물을 받아먹는다. 농부가 한 달여 동안을 저장탱크에서 물을 끌어당겨 말라버린 밭에 뿌려주던 일을 내리는 비가 한 시간 만에 해결했다. 그것도 아주 충분히 기분 좋게 말이다. 사람에나 식물에나 비가 너무나 절실히 필요한 시기였다. 아마 농부들은 모두 춤을 추며 파종할 채비를 하느라 바쁜 손길을 움직일 것이다.

퇴근길, 무더위에 가려 그동안 눈길을 주지 못했던 길가 옆 코스모스가 오늘따라 생각지 못한 비를 만나서인지 유난히 생생하게 내 시선을 사로잡는다. 때 이르게 피어나 더위를 먹는 모습이 안쓰러웠는데, 단비에 목욕해서 그런지 하얗고 분홍빛이 감도는 코스모스가 제법 찬란한 빛을 발하며 만족한 몸짓으로 나를 유혹한다.

작은 꽃들이 형형색색으로 피어 바람에 하늘거리는 모습은 사람의 마음을 잔잔한 호수의 물결처럼 일렁이게 한다. 작은 생명이 바람에 따라 일렁이는 모습에 가슴이 콩닥콩닥 뛰는 무한한 희열을 느낀다. 한들대며 부는 바람에도 이리저리 흔들리는 모습이 "어디든지 좋으니 나 좀 데려가 주세요!"라고 속삭이는 것 같다. 잠시 망설이다가 미안한 마음을 살짝 가리며 그중에서도 제일 눈에 띄는 코스모스 가지 하나를 '톡' 꺾었다. 집으로 돌아와 자그마한 꽃병에 꽂아 부엌 한구석에 놓아두었다.

다음 날 아침, 달콤한 잠의 유혹을 억지로 뿌리치며 식사 준비를 위해 부엌으로 향했다. 순간 '아' 하는 탄성과 함께 어제 꽂아 두었던 꽃병에 시선이 딱 멈추었다. 어제까지만 해도 한 송이만 피어있던 코스모스가 마치 엄마를 기다리던 아이처럼 밤사이 활짝 피어서 나를 보며 살포시 웃고 있지 않은가? 얼른 다가가 보듬어 주었다. 야리야리한 잎사귀에 입맞춤하는 것도 잊지 않았다.

모두가 잠든 사이 조그만 화병 속에서 꽃으로 피어나기 위해 혼자 아픔에 떨었을 연약한 코스모스이다. 하지만 아픔을 잘 이겨내어 예쁜 꽃으로 피어주어 너무나 고마웠다. 아직 남아있는 봉오리가 피어나려면 또 다른 진통이 있겠지만 꿋꿋이 이겨내리라 믿는다.

누군가를 기다리며 예쁜 꽃으로 피어있는 코스모스 같은 소녀는 꽃잎이 져서 시들어도 다시 예쁜 꽃으로 피어나길 바라본다. 어디론가 멀리 떠나지도 못하고 서러워도 울지 못하는 소녀는 코스모스처럼 그냥 그 자리에서 흔들릴 뿐이다. 가득한 부끄러움만 간직한 채 봄이 오기를 간절히 기도한다. 세상에 토해내지 못한 소리를 제 몸에 감추고 있는 소녀의 눈물을 새벽하늘의 별은 아는지 유독 찬란히 밝혀준다.

어린 생명은 모두 귀엽고 앙증맞다. 한들대는 코스모스와 장난치며 놀고 있는 고양이와 강아지도 귀엽다. 어린것에 대한 애처로운 동정심보다도 살아서 움직이는 본능적 행위와 귀여운 몸짓들에 모두 아름다움이 깃들어 있기 때문이 아닐까. 크지 않다는 이유만으로 힘없이 당할 때도 있지만 작은 생명이 피워 내는 기쁨은 더욱더 경이롭다.

주변에는 무척이나 작은 생명이 많다. 쓸모없어 보이는 나무 토막 하나, 풀잎 한 가닥에도 자세히 보면 작은 생명의 삶을 위한 외침은 눈물겹도록 아름답다. 생명이란 사람이 살아서 숨 쉬고 활동할 수 있게 하는 힘이다. 누구나 행복을 꿈꾸지만, 그 행복을 오롯이 느낄 수 있는 사람은 많지 않다. 작은 생명의 소중함을 느끼는 사람이야말로 큰 행복을 얻을 수 있지 않을까.

흔히 사람들은 큰 행복을 한껏 기대하면서 당장의 현실은 고통스럽고 시간에 쫓기며 부당한 행위를 당해도 참고 견뎌내려 한다. 어쩌면 그것은 아주 어리석은 짓일지도 모른다. 자신의 목표를 달성하기 위해 현재의 삶을 희생해야 하기 때문이다. 큰 이상만 좇다가 일상생활에서 만날 수 있는 작은 행복을 놓쳐 버린다. 멋진 외모, 이상적인 배우자, 모든 사람이 부러워하는 사회적 성공, 큰 부자 등 현실과 동떨어진 행복과 이상에 대한 기대로 애쓰다 결국은 절망하고 고통스러워한다. 아등바등 살며 큰 성취를 이루어야만 행복해질 수 있을까? 얼마나 더 가져야 만족할지 모르겠지만, 사람이 행복을 느끼는 시간은 절대 길지 않다.

채울수록 더욱 갖고 싶어진다. 무언가의 빈자리에는 새로운 것을 채우고 싶다는 욕망으로 가득하다. 끊임없이 갱신되는 욕망을 좇을 게 아니라 이미 있는 것을 더 열심히 꾸준히 사랑하는 작업을 쌓아가는 것이야말로 진정으로 의미 있는 삶의 가치를 소유하는 것이 아닐까. 누군가와 비교하면서, 더 큰 것과 더 좋은 것을 선망하고 동경하면 소유욕은 끊임없이 생겨난다.

쉽게 시들지 않고 예쁜 꽃을 피워서 작은 행복을 안겨준 코스모스 한 송이가 소중하게 다가온다. 나 역시 여리고 작은 존재이지만, 누군가에게 행복을 줄 수 있는 단비 같은 마음으로 오늘 하루도 열심히 살아가련다. 그동안 더위에 지쳐 입맛을 잃었는데, 코스모스 한 송이가 나에게 전해준 작은 행복을 반찬 삼아 오랜만에 맛있는 아침 식사를 했다.

마지막 잎새처럼

화초를 키우다 보면 행복한 일이 많다. 조그만 싹이 나오는 모습에서 생명의 신비함을 보고 그 싹이 자라 잎이 되고 꽃이 피고 열매를 맺는다. 하지만 화초가 열매를 맺기까지 거저 되는 것은 없는 듯하다.

며칠 전 잘 자라던 화초가 비실비실 말라갔다. 덜컥 겁이 나서 얼른 물을 주었다. 보통 화초들은 말라가는 무렵 물을 주면 금세 살아났다. 그런데 이번 화초는 쉽게 일어서질 못한다. 그렇게 며칠이 더 흘렀다. 아직도 회복을 못하는 화초를 보니 목마름이 전부가 아닌 듯했다. 허리를 낮추고 자세히 들여다봤다. 보일 듯 말 듯 아주 작은 해충이 이파리에 잔뜩 붙어있었다. 어머니께 물으니 진딧물이라 한다. 진딧물이 즙액을 빨아 먹어 말라가는 거란다. 어머니의 처방으로 진딧물이 제거되고 비실거리던 화초는 언제 그랬냐는 듯 싱싱함을 되찾았다. 생명이란 이렇게도 무서운 것이다. 가꾸는 손길이 조금만 더 늦었더라면 화초는 꽃을 피우지도 열매를 맺지도 못했을 일이다.

화초는 점점 무기력해지고 불안감으로 본인의 삶에 대해 회의를 느낀 나머지 서서히 죽어갔을 거다. 그동안 화초에 대해 아무런 관심을 쏟지 않은 자신에게 미안함을 느꼈다. 화초의 모습이 이렇게 될 때까지 얼마나 무관심했는지를 알 수 있었다. 나는 화초에 다가가 말을 걸었다. "화초야, 그동안 너에게 너무 무관심했구나. 나의 무관심이 너를 병들게 했어. 진심으로 미안해." 화초는 답한다. "나는 왜 사는지 모르겠어요. 진드기가 나를 못살게 굴어도 아무도 관심 없고 혼자 견뎌야 하잖아요. 시간이 지나면서 나의 생명력이 감소하는 것이 점점 두려워져요." 나는 화초의 말을 듣고 그 자리에서 대화를 이어갈 수 없어 조용히 자리를 피해야했다.

서울에 사는 친구에게서 문자가 왔다. 같은 마을 출신인 초등학교 동창의 건강이 많이 좋지 않아서 주말에 친구 몇 명이 병문안을 간다는 것이다. 주말이면 등산도 같이하고 모임도 하는 그런 사이였는데, 어느 날 다리에 종기처럼 만져지는 게 있어 병원을 갔더니 종양이 온몸에 퍼져있다고 한다.

얼마나 황당한 일인가. 가끔 밴드에 올라오는 사진을 보면 등산이며 자전거를 열심히 하는 친구였다. 서울에 둥지를 틀고 고생 끝에 제법 살 만하다고 들었는데, 이렇게 갑자기 아프다고 하니 남의 일 같지 않다. 진단을 받고 곧바로 항암치료를 시작했다. 항암치료를 하면서 많이 호전되었는지 다시 산행하는 사진이 올라왔다. 내심 얼마나 다행이다 싶었는지 모른다. 그 후로 몇 개월이 지나 병문안을 간다는 소식을 접하게 된 것이다.

어느 시인은 산다는 것은 만나는 일이고 사랑하는 일이며 헤어지는 일이라고 했다. 빈 가슴 털면서 먼 산을 바라보는 일이고, 먼 산 바라보며 그 안에 내 얼굴과 발자국과 그림자를 그려 넣는 일이라고 했다. 산다는 것은 매 순간 힘들고 어려운 일을 견디는 것이며 갈등하는 일인지 모른다. 매일매일 힘겨운 세월의 무게에 눌려 하루를 버텨나가는 일이라 할 것이다. 산다는 것은 누구에게는 쉽기도 할 것이고 누구에게는 죽을 만큼 눈물 나는 일이기도 할 것이다

살아가면서 수많은 만남과 헤어짐을 반복한다. 이승과 저승으로 나뉘는 헤어짐이야 신의 영역이라 하더라도 크고 작은 오해로 내가 사랑하고 좋아했던 사람들과의 관계가 소원해진 적

은 없었던가 하고 되돌아보게 된다. 혹시라도 그들에게 무언가를 서운하게 했다는 것은 내 너그러움의 모자람 때문이었을 거다. 어울려 살아가면서 서로 희망이 되어주던 사람이든, 가슴에 따뜻한 마음을 주던 사람이든, 어쩔 수 없이 헤어져야 할 일이 생긴다면 마지막 모습만큼은 아름다워야 한다고 생각한다. 산다는 게 실타래 풀어 가듯 우리의 인생에 얽힌 갈등과 소원함을 풀어가야 하는 일이라고 여겨진다.

살아갈 시간이 얼마 남지 않은 것 같다는 친구의 소식에 가슴이 미어진다. 사십 대 중반에 생을 놓기는 너무 이르지 않은가. 늦어버린 치료가 야속하기만 하다. 우리는 죽음의 세계를 향해 하루하루 다가가고 있다. 거부하고 싶지만 누구에게나 오는 일이다. 세상의 소음과 진동은 다 사라지고 고요와 적막만이 있는 어둠 속에서 결국 사라지고 말 것이다.

참으로 인간의 생명이란 부질없는 것인지 모른다. 우리는 건강을 너무 간단히 생각할 때가 있다. 나 또한 그렇다. 어딘가에 신호가 와도 '괜찮겠지'라며 무시해버리기 일쑤다. 모든 것은 적당한 시기가 있고 그 시기를 놓쳐버리면 아무리 노력하고 발버둥 쳐도 회복하기가 힘들다. 그 친구 역시 종기처럼 만져지는 게 있다는 건 진작 알았다고 한다. 특별히 아픔이 없어 별일 아니겠지 흘려버린 게 화근이었다. 평소 운동도 열심히 하고 산행도 열심히 하는 편이라 건강을 너무 자신했던 건 아닌가 싶다.

누군가는 말한다. 살고 싶지 않을 때는 생사의 갈림길에서 마지막 힘을 다해 고통과 싸우는 사람을 보면 그 생각이 달라질 수도 있지 않을까. 그런 소중한 목숨을 무지로 놓아 버린다면 참으로 안타까운 일이 아닐 수 없다. 큰 고통을 견뎌본 사람은 안다. 아무리 힘들어도 견디다 보면 다 지나간다는 것을, 아무리 중요한 것이라도 놓치면 그만이라는 것을, 잃고 나면 다시 얻을 수 없다는 것을 말이다.

삶은 기나긴 터널을 빠져나오는 거와 같다는 생각을 해본다. 깜깜하고 두렵고 언제 끝날지 모르는 터널이지만, 그 긴 터널은 언젠가는 빠져나오게 되어 있다. 긴 터널을 빠져나오면 오히려 더 황홀하고 찬란한 빛을 볼 수 있을지도 모르는 일이다. 산다는 것도 어둡고도 긴 터널의 끝에 이르면 우리네 인생에도 새로운 빛이 나타날 것이다.

아주 작은 진딧물에도 시름시름 말라가는 화초를 보며 우리 몸 어딘가에 진딧물 같은 나쁜 균이 존재하는 건 아닌지 한 번쯤 검진해 볼 일이다. 진딧물을 이기고 예쁜 꽃을 피워낸 화초처럼 우리의 남은 시간 행복의 꽃을 피워낸다면 이 가을이 너무 아름다울듯하다.

오늘이 늘 마지막 날인 것처럼 살아라. 어제 죽은 이들이 가장 부러워하는 것이 오늘이라 하지 않던가. 늦은 점심을 끝내고 집으로 돌아가는 길에 마지막 남은 잎사귀가 바람결에 쓸쓸히 흔들리고 있었다.

지갑 잃은 날

고등학교에 다니는 딸에게서 전화가 왔다. "엄마, 지갑 잃어버린 것 같아요. 버스에서 내릴 때 가방만 들고 내렸어요. 어떡해요?" 전화선을 타고 들려오는 목소리는 거의 울상이었다. 딸이 잃어버렸다는 지갑의 구매과정을 너무나 잘 알기에 나 역시 당황했다.

올해 고등학교에 입학한 딸아이는 기숙사 생활을 한다. 토요일이면 집에 왔다가 일요일 저녁이면 다시 학교로 돌아간다. 학교생활이 힘든지 집에 오면 곧바로 잠에 빠진다. 그런 딸을 바라보는 내 마음은 늘 안쓰럽기만 하다.

하루는 딸아이가 지갑이 필요하다며 조심스럽게 말을 꺼냈다. 중학교 다닐 때도 지갑 얘기는 몇 번 했었지만, 그때마다 나중에 사겠다며 스스로 포기하곤 했다. 그런데 이번에는 표정이 진지하다. 지갑을 꼭 사야겠다는 마음인지 계획까지 세웠다. 시중에 판매되는 지갑은 빨리 낡아 버려서 오래 들지 못한다며, 유명 매장에서 사주면 오랫동안 그 지갑을 쓰겠다며 꼭 사주기를 원했다.

평소 알뜰하고 꼼꼼한 성격이기에 사주고 싶은 마음 가득했지만, 그래도 명품이면 가격이 만만치 않을 텐데 내심 걱정이 되었다. 딸아이는 내 의중을 눈치챈 듯 너무 걱정하지 말란다. 지갑은 아빠가 고등학교 입학선물로 사주기로 했다며 씩 웃는다.

따지고 보면 그 돈이 그 돈인데 아이의 계산법에 웃음이 나왔다. 모처럼 아빠 노릇 하겠다는 마음을 헤아려 흔쾌히 승낙했다. 딸아이와 시간을 내어 지갑을 사기 위해 쇼핑을 갔다. 몇 군데를 돌아보다 비싸 보였는지 포기의 뜻을 보인다. 아이의 진심을 알기에 괜찮다며 안심시키고는 제일 마음에 들어 하는 지갑을 선택했다. 결제하고 나오는데 딸아이가 내 손을 꼭 잡으며 한마디한다. "엄마, 정말 고마워요. 대학 졸업까지 깨끗하게 잘 쓸게요."라며 웃는 아이의 얼굴이 세상 무엇도 부럽지 않은 표정이다. 그 후 일주일에 한 번 집에 올 때마다 지갑을 꺼내어 정말 잘 고른 거 같다며 좋아하는 아이를 보며 '저렇게 좋아할 줄 알았으면 진작 사줄걸.' 하는 마음마저 들었다.

손에 넣은 지 한 달이 채 안 되어 애지중지하는 지갑을 잃어버렸으니 그 마음이 오죽할까. 속상한 마음을 애써 누르며 어쩌다 잃어버렸냐고 물었다. 기숙사에서 나와 시외버스정류소에서 집으로 오는 버스를 탔다. 버스요금을 결제한 후 가방에 넣지 않고 손에 들고 있다가 깜빡 잠이 들었단다. 얼마나 시간이 흘렀을까. 눈을 떠보니 집 근처여서 잠결에 일어나 얼른 내린다는 것이 가방만 들고 내렸다고 한다. 그 말을 듣는 순간 늘 잠이 부족해서 궁둥이만 붙이면 잠이 온다던 말이 귓가에 맴돌았다.

다음날에야 지갑이 없어진 걸 알고 시외버스터미널 관리사무소와 물품 보관소에 전화했다. 수소문 끝에 버스 기사 아저씨에게도 전화했지만 결국 찾지 못했다. 퇴근하고 집에 가보니 딸아이 혼자 마당에 앉아 울고 있었다. 그 모습을 보니 괜히 마음이 안쓰럽다. 이왕 잃어버린 물건인데 너무 속상해 말라며 다독여주었다. 하지만 딸의 마음은 좀처럼 진정이 되지 않았다. 꼭 찾을 수 있다며, 누군가에게서 찾았다는 전화가 올 것이라는 희망을 놓지 않았다

남이 잃어버린 물건을 주워서 갖는다면 어떻게 할 것인가.

우리나라 지하철은 많은 사람이 이용하는 만큼 잃어버리는 물건도 많다. 그 물건들을 주인이 찾아갈 수 있도록 도와주는 분실물센터도 있다. 그렇지만 현실은 분실물센터를 이용하는 사람이 그리 많지 않다고 한다. 물건을 잃어버린 사람은 많은데 물건을 습득해서 신고하는 사람은 극소수라는 통계를 본 적이 있다.

딸의 경우와 같이 잃어버린 물건은 너무나 소중한 것이어서 잃어버린 줄도 모르고 지나칠 때 나중에 더 크게 마음의 상처를 받을 수 있다. 서양에서는 길거리든 도서관이든 지하철이든 작은 물건 하나를 주워도 고이 가져와 잃어버린 사람을 찾아 감동시킨다고 한다. 아무리 작은 물건 하나에도 사람의 흔적, 누군가와의 마음의 교류, 혹은 추억과 역사가 담겨 있다는 사실을 알게 된다면 남의 물건을 함부로 취급할 수는 없을 것이다. 잃어버린 작은 물건도 그 소중함의 가치는 결코 함부로 생각할 수 없다.

딸로서는 몇 년을 벼른 끝에 큰마음 먹고 소지할 수 있었던 지갑이다. 얼마 써보지도 못하고 한순간의 실수로 잃어버렸으니 상처가 큰 건 당연한 일이다. 거기다 아빠가 고등학교 입학 선물로 사준 지갑이라 더 아파한다. 그날 저녁 딸과 함께 조용히 대화했다. 자기 물건을 잘 관리하고 챙기는 일이 얼마나 중요한지, 소중한 것을 잃었을 때 마음이 얼마나 아픈 것인지, 잃어버림이 만드는 상처가 얼마나 오래가는지를 차근차근 말해주었다. 대화의 효과일까? 앞으로는 매사에 조심하겠다며 멋쩍게 웃어 보인다. 누군가의 물건을 주웠을 때는 주인을 찾아 꼭 돌려주겠다며 상처 난 마음을 추스르듯 입술을 꼭 깨문다.

딸아! 설령 잃어버린 지갑을 다시 찾는다고 해도 그 지갑이 처음 그대로 온전치는 않을 거야. 속도 비어 있을 것이고 겉모습이 많이 상할 수도 있으니 말이야. 잃음을 통해서 거듭 강해지는 법을 깨달았으니 그걸로 만족하자. 지갑은 내가 다시 사줄게. 잃는다는 것은 곧 얻음이 아니겠니.

사실 나는 물건을 잘 잃어버리기도 하고 그만큼 잘 찾기도 한다. 게다가 잃어버린 물건은 나와의 인연이 끝날 때가 다 되어 버렸나 보다 하고 크게 연연하지 않는 편이다. '나는 자연인이다.'라는 TV 프로그램에서 산에 들어가 사는 사람은 모두 "지금이 가장 행복하다."고 한다. 그들은 모두 과거에 무언가를 크게 잃은 경험이 있다. 재산이나 건강이나 가족은 인생에서 매우 소중하다고 일컫는 것들이다. 잃는 것이 있으면 또 얻는 것이 있기 마련이지만, 원래의 것을 되찾기란 쉽지 않다.

무엇이든 잃을 위기에 봉착하면 충분히 대비는 하겠지만, 막상 잃어야 비로소 후회하게 된다. 사람은 똑같은 실수를 반복한다는 말이 있다. 맞는 말이다. 실수는 할 수 있지만 반복되면 그것은 더 큰 실패라고 하지 않을 수 없다. 대부분의 사람은 이런 사실을 알면서도 고치지 못하며 산다. 남들과 비슷해진다는 건 마음에 위안이 되지만 한편으론 그보다 어리석은 일도 없다. 무엇이든 잃기 전에 노력하고, 잃은 것의 슬픔에 빠져 같은 실수를 반복하지 않기를 바랄 뿐이다.

아버지와의 데이트

휴일 아침, 느긋하게 아침 먹을 요량으로 평소보다 여유를 부렸다. 아이들과 눈을 맞추며 대화도 하고, 먹고 싶은 음식을 해주고 싶어 냉장고에 있는 재료들을 뒤적이고 있는데, 갑자기 휴대전화가 울렸다. 얼른 받아보니 친정아버지였다. 꼭 해야 할 말이 없으면 좀처럼 전화를 안 하는데 직장에 안 가면 만나자고 하신다.

아버지에게 데이트 신청을 받은 셈이다. 사십여 년을 살며 처음 있는 일이다. 갑자기 시간이 바빠졌다. 이유도 모르면서 가슴이 콩닥거리고 설렌다. 오랜만에 느껴보는 감정이다. 어린 시절 학교에서 늦게 돌아올 때면, 동구 밖까지 나와 딸을 기다리고 있던 아버지의 모습이 아직도 눈에 선하다.

곤히 자는 아이들을 흔들어 깨웠다. 짜증을 부릴 줄 알았던 아이들이 외할아버지를 만나러 간다는 말에 반색한다. 나 혼자 갈 수도 있지만, 아버지도 손자들을 보고 싶어 할 것 같고, 아이들에게도 가끔 만나는 할아버지의 숨결을 느끼게 하고 싶었다. 시외버스정류소에서 만나기로 약속했다. 아버지가 버스를 타면 내리기 쉬운 곳이다. 집에 계시면 직접 가겠다고 말씀드렸지만 막무가내였다.

아이들과 서둘러 버스를 탔다. 혹시나 길이 엇갈려 아버지를 못 만나면 어쩌나, 날도 더운데 길거리에서 힘들지는 않을까. 지팡이를 의지하지 않으면 잘 걷지도 못하는데 다치기라도 할까 봐 조바심이 났다. 연세가 있어서 내려야 할 정류소를 그냥 지나치신 건 아닌지, 어린아이를 걱정하는 마음처럼 별의별 생각이 차창 밖으로 스쳐 간다.

그러고 보니 아버지의 나이가 올해로 구순이시다. 그 나이에 비하면 그래도 정정하신 것 같다. 이 년 전 어머니를 먼저 보내고 아버지 혼자 어떻게 견딜까 내심 걱정이 많았는데, 뜻밖에 잘 견뎌 내시는 것 같아 그저 고맙기만 하다. 평소에는 느끼지 못했는데 오늘따라 아버지에게 가는 길이 멀게만 느껴진다. 조바심 끝에 약속 장소에 다다랐다. 약속 시간이 얼추 비슷하게 맞춰졌다. 아이들에게 할아버지를 찾아보라고 하고는 나 역시 아버지의 모습을 찾는 데 열중했다.

그때 저만치서 지팡이를 짚고 한 걸음 한 걸음 힘겹게 걸어오는 아버지가 보였다. 얼른 달려가서 부축했다. 아버지도 나를 보고 환하게 웃으신다. 아이들이 할아버지에게 인사를 했다. 아버지는 여느 때처럼 낡은 지갑을 꺼내고는 만 원짜리 지폐로 아이들에게 반가움을 대신한다. 아버지의 지갑이 가볍다는 것을 알지만, 손자를 사랑하는 마음이기에 그냥 받았다. 나 역시 용돈이라며 조그만 봉투를 꺼내어 주머니에 넣어 드렸다. 이 또한 아버지를 생각하는 딸의 작은 사랑의 표현이다.

가까운 식당에라도 들어가자고 했더니 극구 손사래를 치신다. 오기 전에 식사를 많이 해서 배가 고프지 않단다. 막내딸에게 부담을 주고 싶지 않아서 그런다는 것쯤은 나도 안다. 칠월의 햇볕이 제법 따가웠지만, 하는 수 없이 인도 한쪽에 자리를 잡고 앉았다. 아버지는 잠시 숨을 고르더니 손에 들고 있던 검은 비닐봉지를 말없이 건넸다. 무엇인지 의아해하는 나를 보며 눈짓으로 열어 보란다. 궁금한 마음에 손놀림이 빨라졌다.

비닐봉지 속에 돌돌 말린 신문지를 꺼내어 펼치는 순간 첫눈에 들어온 글귀가 이외다. 졸업장, 통지표, 상장 등이 가득 들어

있다. 초등학교부터 중학교까지의 삶의 기록들이 차곡차곡 신문지에 싸여 주인을 기다리고 있었다. 예상하지 못했던 선물에 말문이 막혔다. 한동안 기억에서 잊혔던 추억들이 주마등처럼 스쳐 지나갔다.

통지표, 졸업장, 상장에 선명하게 쓰여 있는 '진 부자'라는 이름이 낯설다. 태어나면서 중학교 1학년까지 나를 대신했던 이름이다. 아버지가 내 이름을 호적에 잘못 올려 본의 아니게 두 이름을 가지게 되었다. 그 사실을 입증이라도 하듯 중1 때까지는 '진부자', 중2부터는 '진해자'라는 이름이 통지표에 새겨져 있었다.

웃음이 나왔다. 초등학교 시절 친구들에게 '부자'라는 이름을 가진 이유만으로 놀림을 받았던 추억이 새삼스럽다. 당시 '이름만 부자가 아니고 정말로 부자였으면 얼마나 좋을까.' 하는 바람을 어린 마음에 속으로만 삭여야 했다. 수많은 이름 중에 하필이면 '부자'라는 이름을 지어주신 아버지를 가끔은 원망도 했었다.

통지표와 상장도 훑어봤다. 1976년 통지표가 오래된 골동품처럼 느껴졌다. 부끄럽지 않을 정도의 실력이 잘 기록되어 있었다. 내심 다행이라 생각했다. 특히 상장은 글짓기 부문이 많았다. 나에게도 정말 이런 재주가 있었나 싶었다. 그리고 '모범어린이 상장'은 아이들에게 자랑스럽게 얘기할 수 있었다.

어떻게 이것들을 갖고 오게 되었는지 물었다. 아버지는 어머니가 돌아가시자 이것저것 정리하다 낡은 상자 안에서 찾았는데, 나에게 꼭 돌려주고 싶어서 갖고 왔다며 웃으신다. 시력이 많이 안 좋은 아버지가 허투루 봐서 불을 태웠을 법도 한데 꼼꼼하게 챙겨주니 고마웠다.

아버지의 손을 꼭 잡았다. 이제껏 느껴보지 못한 따스함이 그대로 전해온다. 얼마 만에 잡아 보는 손인가. 젊었을 때는 보기만 해도 묵직하게 느껴졌는데, 이제는 막내딸 손안에서 힘없이 잡히신다. 가슴 깊은 곳에서 뭉클하게 올라오는 무언가가 목울대를 힘겹게 짓누른다.

지나가는 사람들이 의아하게 쳐다본다. 하지만 어떤 시선도 눈에 들어오지 않았다. 아이들도 할아버지와 엄마가 하는 말과 행동에서 따뜻한 정과 진실함을 느꼈는지 조용히 나의 등에 기댄다. 그러는 사이 아버지는 호주머니에서 주섬주섬 또 뭔가를 꺼내신다. 반지였다. 조금 오래된 듯 알이 하나 빠져있었다. 아버지는 반지를 내 손가락에 슬며시 끼워주셨다. 물건을 정리하다가 발견했는데 반지의 주인이 누구인지 모르지만, 크기를 보니 막내딸 손가락에 맞을 것 같아 챙겨두었단다. 혹 어머니의 반지였는지도 모를 일이다. 반지는 맞춘 듯이 꼭 맞았다. 이유야 어떻든 처음으로 받아보는 아버지의 선물이다. 내 생각대로 어머니의 반지라면 더없이 좋으련만.

아버지는 막내딸의 추억이 서린 소중한 물건을 전해주고 싶어 불편한 다리로 버스를 타며 여기까지 오신 것이다. 아버지의 사랑을 진하게 느낄 수 있었던 첫 데이트다. 이제 얼마의 시간을 같이할 수 있을지는 모르지만, 살아계시는 동안 아버지의 체온을 더 많이 느끼고 어머니의 빈자리를 아낌없이 채워드려야겠다.

시외버스터미널까지 아버지를 바래다 드리고 승차권을 끊었다. 버스 한 대를 놓쳐버리면 두 시간 가까이 기다려야 하는데, 마침 버스가 아버지를 기다리고 있었다. 버스 안에 들어가 앞좌석을 정하고 승차권을 손에 쥐여 드렸다. 아버지와 인사를 하고 나오는데 발길이 떨어지지 않았다. 유리창에 기대어 촉촉한 눈으로 막내딸에게서 눈을 못 떼는 걸 보니 아버지도 같은 마음인가 보다.

버스가 천천히 움직인다. 버스는 점점 멀어지고 있지만, 아버지의 모습은 자꾸 나에게 다가오고 있었다.

딸을 위한 편지

중학교에 다니는 딸아이가 가정안내문을 들고 왔다. 안내문에는 '부모와 자식 간 사랑의 편지쓰기'라는 문구가 적혀 있었다. 요즘 서로가 바쁘다는 핑계로 부모와 자식 간에 대화도 적고 얼굴 마주할 시간조차 많지 않아서 편지로나마 서로의 마음을 헤아리라는 뜻일 것이다.

학교에서는 친절한 배려로 편지지까지 보내왔다. A4용지 앞뒷면이 잔잔한 줄로 가득하다. 대체 무슨 이야기로 빈 여백을 채울까 생각하니 내심 부담스러웠다. 딸아이에게 편지지를 다 채워야 하느냐고 물었다. 딸아이도 엄마의 얇은 마음을 읽었는지 '엄마가 쓸 수 있는 데까지만 써도 된다.'며 안심시키는 눈치다.

피식 웃음이 나오지만 그래도 딸아이의 말을 들으니 조금은 마음이 가벼워진다. 초등학교 때와는 달리 중학교에 가면서 부쩍 커버린 딸에게 어떻게 엄마의 마음을 전해야 좋을지 걱정이 된다. 그 걱정에 마음이 파르르 떨렸지만, 마냥 걱정만 할 수 없어 조심스럽게 빈 여백을 채우기 시작했다.

별이 유난히도 반짝이는 밤이었어. 지원이가 학원에서 돌아올 시간이 되어 집 앞에서 기다리고 있었지. 까만 밤하늘을 수놓은 별들이 지원이의 맑은 눈망울만큼이나 초롱초롱 빛나고 있더라. 그 빛이 얼마나 예쁘던지 금방이라도 내 품으로 와락 쏟아질 것만 같았어.

그때 지원이가 차에서 내리는데 별님 대신 사랑하는 딸을 가슴에 안으니 그 기쁨은 이루 말할 수 없었단다. 엄마와 딸이 아니면 아무도 모를 거야. 아침 일찍 등교해서 늦은 밤이 되어야 집에 오는 우리 지원이, 그렇지만 피곤한 기색 없이 싱긋 웃어주는 너의 미소를 보면 엄마의 피곤함까지 덩달아 녹아버린단다.

며칠 전 토요일이었지. 지원이를 데리러 동생 지은이랑 지영이가 학교에 갔을 때 지원이는 창피하다고 화를 내며 무척 속상해하더라. 물론 사춘기가 와서 조그만 일에도 창피해하고 화를 내며 자기 뜻에 상관없이 마음에 변화가 많다는 건 알아.

하지만, 지원아! 가족은 참으로 소중한 거야. 억만금의 돈보다도, 공부를 1등 하는 것보다도 말이야. 만약 너에게 가족이 없다고 상상해봐. 그 상상만으로도 끔찍하지 않니? 가끔 엄마가 이야기하잖아. 지금은 동생들 많은 게 조금은 창피할지 모르지만, 다음에 더 크면 그때는 엄마에게 고맙다고 이야기할 날이 반드시 올 거야.

우리 딸, 많이 힘들지? 근데 이 세상에 고민이랑 걱정거리 없는 사람은 없단다. 만약 현재가 많이 힘들거든 너무 욕심부리지 말고 쉬어 가면서 공부하고 즐기면서 생활하렴. 엄마는 항상 우리 딸 곁에서 지켜보고 있을게.

지원이는 마음도 넓고 생각도 깊어서 엄마의 말을 금방 이해하리라 믿고 있어. 그리고 언제나 지금처럼만 자라주면 엄마는 너무 감사하단다. 건강하고, 예쁘고, 맑고, 밝게, 거기다 공부까지 잘하면 더 좋겠지. 우와! 엄마가 욕심이 너무 많은가.

하지만 엄마는 너를 믿기에 조금 더 욕심을 내보련다. 나아가야 할 길이 결코 순탄하지만은 않겠지만, 포기하지 않고 지혜롭게 극복해낼 거라 생각해. 엄마는 항상 부족하지만 필요하면 언제든지 힘이 되어줄게. 그러니 우리 조금만 더 노력하자.

며칠 전이었어. 엄마가 일 때문에 마을에 있는 기관에 들렀더니 사무실 한편에 지원이 키보다 조금 큰 화분 세 개가 나란히 놓여 있었어. 그런데 싱싱하게 자라고 있어야 할 나무가 비실비실 말라가고 있는 거야. 아무리 말 못 하는 식물이라지만 그 모습을 본 내 마음이 얼마나 아프던지.

기관 직원에게 말라가는 저 화분을 우리 사무실에 가져가도 되겠냐고 물어봤어. 다행히 승낙을 해 주었어. 나는 우리 직원들에게 사무실로 가져가자고 졸랐지. 사무실 언니와 함께 물도 주고 마른 가지도 쳐 주면서 정성껏 보살펴 주었어.

너무나 많이 아파 보여서 살아날 것 같지 않던 나무가 조금씩 회복하기 시작했어. 축 처져 있던 나무에 생기가 도는 거야. 사무실 언니와 나는 신기해하며 더욱더 정성을 들였지. 나무는 우리에게 보답이라도 하듯 새순이 돋으며 하루가 다르게 건강해졌단다.

지원아, 나는 나무를 보며 생각했어. 부모가 정성으로 자식을 돌보면 그 자식은 구김 없이 착하고 예쁘게 잘 자랄 거라고. 사랑과 정성을 먹고 자란 아이는 기대에 어긋나지 않게 예쁜 꽃을 피우고 열매를 맺어 많은 사람에게 행복을 줄 거라고 생각한단다. 꽃과 나무를 사랑하는 마음은 시인의 마음과 같은 것이란다.

딸아, 외롭고 힘들 때는 책이나 시를 읽으렴. 한 편의 좋은 시는 앞날이 캄캄할 정도로 슬프고 괴로울 때마다 너의 어두운 인생길을 따뜻이 비춰 주는 등불이 될 거야. 시를 읽으면 마음의 상처와 아픔이 치유된단다.

덤불 속에 가시가 있다는 것을 알지만, 꽃을 더듬는 우리의 손을 거두어서는 안 된다. 덤불 속의 꽃들이 모두 아름답진 않겠지만 그렇게라도 하지 않으면 꽃의 향기는 맡을 수 없지. 꽃을 꺾기 위해서 가시에 찔려야 하듯이, 이 세상의 무언가를 사랑하기 위해서는 우리의 상처와 아픔을 이겨내야 한단다. 우리는 상처받기 위해 사랑하는 게 아니라 사랑하기 위해 상처받는 것이란다.

엄마가 물질적으로는 풍족하게 못 해주지만 마음만은 이 세상 누구보다 너를 사랑하고 있단다. 그러니 너도 예쁜 꽃을 피워 이 세상에 잔잔한 향기를 전해줄 수 있는 사람이 되렴. 사랑한다. 내 딸 지원아!

한 자 한 자 정성을 다하여 쓰다 보니 어느새 앞뒷면이 꽉 채워졌다. 시작과는 달리 엄마와 딸의 마음으로 종이의 빈 여백을 가득 채운 것 같아 가슴이 벅차오른다. 며칠 뒤 딸아이가 상장을 들고 왔다. 나와 딸아이가 쓴 편지가 최우수상을 받았다고 한다.

솔직히 내가 쓴 편지가 수상까지 하리라고는 생각하지 못했다. 딸이 기뻐하는 모습을 보니 나 역시 기뻤다. 엄마와 딸이 다시 하나가 된 듯 마음이 합쳐지는 순간이었다. 딸아이의 얼굴에 잔잔히 피어나는 웃음에 엄마의 마음이 더해져서 진한 향기로 집안에 가득 퍼져 나갔다.

세 잎 클로버

초등학교에 행사가 있어 참석했다. 공개수업이란다. 사무실 일이 바빠서 참석하지 못하겠다는 말에 기운 없어 하는 딸아이의 표정을 보니 내 마음이 영 편치 않았다. 직장을 다닌다는 이유로 아이들에게 관심이 부족한 것 같아 늘 미안했는데, 이 기회에 딸에게 점수를 따기로 했다.

기대하지 않았던 엄마가 교실로 들어서니 아이의 입이 귀에 걸린다. 그렇게도 좋을까. 선생님의 질문에 대답하는 아이의 목소리가 교실을 울린다. 한 시간 동안의 공개수업이지만 하루가 행복했으리라. 함초롬히 피어난 예쁜 꽃이 활짝 웃듯이, 얼굴에 그려지는 아이의 미소가 내 마음마저 물들인다.

행사를 끝내고 학교 주위를 둘러보았다. 아이들 웃음만큼이나 맑은 날이다. 군데군데 심어 있는 큰 나무들이 학교의 전통을 말해주듯 떡 버티고 서 있다. 파란 잔디가 넓게 펼쳐진 운동장 한구석에는 클로버 꽃이 소담하게 피어 있다. 여학생들이 모여 앉아 목걸이, 반지, 팔찌를 만들며 재잘거리는 모습이 눈길을 끈다. 어릴 적 내 모습을 보는 듯하다. 세월이 흘러도 변하지 않는 광경이 풋풋함을 더해준다.

어릴 적에 막내 오빠가 들려준 이야기가 생각난다. 네 잎 클로버에 관한 오빠의 이야기는 제법 그럴듯하게 들렸다. 전쟁 중 심하게 부상당한 병사가 적에게 쫓기고 있었다. 뒤따라오던 적이 병사를 향해 총을 발사했다. 그 순간, 병사의 눈에 네 잎 클로버가 보였다. 병사는 신기하게 생각하며 네 잎 클로버를 따기 위해 몸을 굽혔다. 그 순간 날아오는 총알을 가까스로 피할 수 있었다. 그 후 네 잎 클로버는 행운을 상징하게 되었단다.

오빠의 언변이 워낙 좋았던 까닭도 있었지만, 책이 귀했던 시절에 흥미롭게 들었던 이야기다. 마치 내가 그 이야기 속의 주인공이 되어 네 잎 클로버를 따는 것 같았다. 그때부터 어디에 있을지 모를 행운을 기다리며 네 잎 클로버를 마음속에 키우게 되었다.

나는 클로버가 있는 곳이면 버릇처럼 네 잎 클로버를 찾는다.

잔뜩 쪼그리고 앉아 이리저리 휘저으며 눈을 부릅떠 보지만, 수많은 클로버 중에 네 잎을 찾기란 그리 쉽지 않았다. 네 잎 클로버를 찾은 사람을 보면 참 부러웠다. 네 잎 클로버를 찾는 행운을 한 번도 가져 본 적이 없는 걸 보니 나에게는 우연히 오는 행운은 없나 보다.

네 잎 클로버가 '행운'이라면 세 잎 클로버는 '행복'을 뜻한다. 우리는 어쩌다 있는 행운을 찾기 위해 무수히 많은 작은 행복을 무참히 짓밟거나 버리며 살아간다. 주위에 흔히 돋아있는 세 잎 클로버처럼 행복은 거창하지도 특별하지도 않다. 행복은 작은 관심과 사랑으로부터 우러나오는 것이 아닐까. 사람들은 열심히 노력해서 행복을 얻고자 하기보다는 한꺼번에 다가오는 행운을 원한다. 모두 행복해지고자 하지만 그것을 얻을 수 있는 노력에는 게으르다.

얼마 전 친정에 다녀왔다. 현관에 들어설 때였다. 모양이나 색깔이 제각각인 지팡이들이 현관 한구석에 가지런히 놓여 있었다. 한두 개도 아니고 어림잡아 수십 개는 되어 보였다. 그런데 아무리 봐도 사 온 지팡이 같지는 않았다. 의아해서 어머니에게 여쭤봤다. 어머니의 대답이 황당했다. 여기 있는 지팡이는 많은 것도 아니란다. 아버지가 직접 만든 지팡이 백여 개를 이미 동네 노인들에게 집집마다 나눠 주었다고 하셨다.

아버지는 정이 참 많으신 분이다. 가진 것은 없지만 남에게 주는 걸 아주 좋아하신다. 사람들은 법 없이도 살 거라며 칭찬하지만, 그런 아버지 덕에 어머니는 일곱 남매를 키우느라 늘 고생하셨다. 아버지는 손재주도 좋으셨다. 어렸을 적 웬만한 장난감은 물론이고 고장 나서 버려야 할 것 같은 물건도 아버지 손만 거치면 말짱하게 새로 태어났다. 매사에 성격이 꼼꼼해서 대충하는 법이라곤 없다. 그래서 사람들은 아버지가 만든 물건을 좋아했다.

그런 아버지께서 지팡이를 만드셨다. 지팡이 몸체는 평소에 모아 두었던 나무를 하나하나 깎고 다듬어서 만들고 그 위에다 페인트로 옷을 입혔다. 손잡이는 쓰던 호수를 잘라서 씌운 것도 있고 우산 손잡이를 재활용하기도 했다. 한두 개도 아니고 백 개가 넘는 지팡이를 어떻게 손수 만드셨는지 알 수가 없다. 정말 아버지다운 발상이고 실천이시다.

아버지는 무릎 관절이 많이 안 좋으셔서 지팡이를 짚고 다닌다. 그래서 다리가 불편하거나 나이가 들어 잘 걷지 못하는 사람들의 심정을 누구보다도 잘 헤아리시나 보다. 지팡이 하나를 돈으로 따지면 보잘것없다. 하지만 돈 주고 사는 것은 누구나 할 수 있는 일이다. 아버지의 작지만 정성 어린 배려에 내 마음이 뿌듯해진다.

어렸을 적 가족보다는 남들에게 더 잘하는 것 같은 아버지가 늘 서운했다. 하지만 지금의 아버지는 누구보다 자랑스럽다. 평생을 좋은 마음으로 살아오셨기에 당신의 그 덕으로 자식들도 잘사는 게 아닌가 싶다. 아마 이 지팡이를 사용하시는 분들도 걸음걸음 떼어놓을 때마다 작은 행복이 함께할 거라 믿는다.

행복은 누구에게나 있다. 하지만 그 행복을 어떻게 자기 것으로 만드느냐가 더 중요하다. 비 온 뒤에 무지개가 더 영롱한 것처럼 힘들고 어려워도 잘 이겨내면 행복은 우리를 비껴가지 않을 것이다. 로마의 위대한 황제였던 마르쿠스 아우렐리우스는 그의 『명상록』에서 진정한 행복은 다음과 같은 마음에서 우러나온다고 썼다.

> 나는 조부 베루스로부터 온화함과 함께 분노와 열정의 절제를 배웠다. 나를 낳아주신 아버지의 명성과 당신에 대한 회상에서 부끄러워할 줄 아는 것과 남성적 기질을 배웠다. 어머니에게서는 경건함과 관대함 그리고 나쁜 행위뿐만 아니라 나쁜 생각도 삼가야 함을 배웠으며, 부자들에게 있기 쉬운 무절제를 멀리 떠나 소

박한 음식에 만족하는 것을 배웠다.

똑같은 사물도 보는 관점에 따라 다르듯이, 이 순간 행복한 감정을 느끼면 그것이 바로 행복이 아닌가 싶다. 지팡이를 만들어 동네 사람들에게 나누어 주고자 하는 타인을 위한 배려, 네 잎 클로버보다는 세 잎 클로버를 찾고자 하는 절제된 작은 마음에서 행복은 우러나올 수 있을 것이다.

늦은 밤, 잠이 오지 않아 마당으로 나왔다. 밤하늘을 올려다본다. 세 잎 클로버처럼 많은 별이 밤하늘 곳곳에 총총히 박혀 나를 내려다보고 있다.

그림자 따르기

처음으로 온 가족이 여행을 떠나게 되었다. 여름방학을 맞이하여 딸 셋에 아들 하나를 데리고 2박 3일의 일정으로 서울행 비행기를 타려고 공항으로 갔다. 휴가철이라 그런지 아침 시간인데도 공항은 많은 사람으로 혼잡했다. 셋째와 넷째는 공항이 처음이라 마냥 신기한 표정이다. 설레는 마음으로 비행기 탑승 시간을 기다리는데 정말 잠깐 사이였다.

다섯 살 된 아들이 갑자기 시야에서 사라져버렸다. 막내 누나랑 이리저리 움직이며 놀고 있는 걸 눈으로 좇았다. 아직은 어린아이라 나름대로 신경 쓴다고 했는데, 아는 사람을 만나 인사를 나누는 사이 사라진 것이다.

'근처 어딘가에 있겠지.'라는 마음으로 각자 흩어져서 찾기 시작했다. 그러기를 이십 분이 훌쩍 지났다. 화장실에 갇혀서 못 나오는 건 아닌가 싶어 화장실마다 문을 열어 보았다. 계단으로 나갔다가 길을 잃은 건 아닌지 계단을 오르내리며 이름을 불렀다. 사람들이 워낙 많아 못 찾는가 싶어 사이사이를 헤집고 다녔다. 여기저기에 보이는 아이가 모두 내 아이 같았다. 처음 생각과는 달리 시간이 지날수록 불안해지기 시작했다. 미치광이처럼 울부짖으며 아이 이름을 불러댔다. 하지만 아이는 어디에도 없다.

어딘가에서 엄마를 부르며 울고 있을 아이 생각에 숨이 멎는 것만 같았다. '혹시 나쁜 사람이 납치라도 한 건 아닐까, 아이가 없는 사람이 데려가 버렸는지도 몰라.'라는 생각이 미치자 서 있기조차 힘이 들었다. 다시는 아이를 볼 수 없을지도 모른다고 생각하니 갑자기 세상이 무너져 내리는 기분이다. 가슴이 먹먹하고 기가 막힌다. 애써 마음을 추스르며 기도를 했다. 돌아가신 친정어머니를 떠올리며 제발 손자를 지켜달라고 기도 아닌 애원을 했다. 그 아이와 나의 인연이 짧지 않다면 반드시 찾을 수 있을 거라고, 꼭 만날 수 있을 거라고 다짐 또 다짐했다.

부모의 마음이 이런 것인가 하는 생각이 들면서 친정어머니의 모습이 눈앞에 어른거렸다. 부모가 자식을 생각하는 절실한 마음이 없다면 공든 탑이 될 수 없다. 절실한 마음 없이 아이를 키운다는 것은 부질없는 모래성을 쌓는 것과 무엇이 다르단 말인가.

시간이 얼마나 지났을까. 탑승 절차가 끝나고 비행기가 출발한다는 방송이 어렴풋이 들린다. 바로 그때 흩어져 찾던 둘째 딸에게서 전화가 왔다. 혹시나 하는 마음으로 다급하게 전화를 받았다. 전화기 너머 들려오는 딸의 목소리가 그렇게 반가울 수가 없었다. “엄마! 동생 찾았어요.” 딸아이 목소리가 무척 들떠있었다. 벼랑 끝에 매달려 있다가 구출된 것 같은 기분이 들었다. 어둠에 갇혀 허우적거리던 마음에 환하게 빛이 들어왔다. 가끔 텔레비전에서 미아 찾기 방송을 봤지만, 그때는 그 심정을 다 헤아리지 못했다. 저럴 때 아이와 가족이 얼마나 슬플까, 하루라도 빨리 찾길 바라는 마음만 보태며 그렇게 흘렸다. 하지만 이제 알 듯했다. 자식을 잃고 하루하루를 뜬 눈으로 버티는 부모의 애타는 마음이 어떤 것인지.

아이를 만났다. 얼굴을 만지고 비비고 안아주었다. 어린 나이에 얼마나 무섭고 힘들었을까. 둘째 누나를 만나고 눈물을 흘리며 달려와 안겼다는 말을 들으니 가슴이 더욱더 아프다. 가까스로 비행기에 탑승했다. 조금 전 일이 주마등처럼 스친다. 서울에 도착하면, 더욱 조심하고 또 조심하라는 신호인 것 같다. 불현듯 막내를 낳았을 때가 생각난다.

아기가 엄마의 몸에서 떨어지면 엄마의 팔과 아기의 팔에 팔찌를 두른다. 세상 밖으로 나온 아기의 얼굴이 익숙하지 않고 신생아실에 아기가 많아서 행여 바뀔까 팔찌로 확인하기 위함이다.

이제 다섯 살이다. 가족 이름과 집 주소, 전화번호도 다 외운다. 하지만 나쁜 마음으로 작정하고 덤벼드는 어른 앞에서는 무용지물이 아닐까. 갓난이 때 찼던 팔찌 대용으로 '미아 방지 사전 등록제'에라도 신청해야겠다. 14세 미만 아동의 사진이나 지문, 기타 신상정보를 경찰서나 파출소에 가서 등록해두면 아이를 잃어버렸을 때, 등록된 자료를 활용해 더욱 신속하게 찾을 수 있다고 한다.

딸아이가 다니는 초등학교에서도 비접촉식 무선 통신을 이용한 지킴이 서비스를 제공해주고 있다. 등교 시와 하교 시에 출석문자와 하교 문자를 부모님 휴대폰으로 즉시 알려주는데, 아이의 근황을 조금이나마 파악할 수 있어 얼마나 도움이 되는지 모른다.

어느 엄마가 내게 "아이를 키우는 건 전쟁 같아요!" 라고 말한

우스갯소리가 떠오른다. 그렇다. 아이를 키우는 건 전쟁이다. 우리 주위에서 가끔 듣게 되는 "나는 부모로서 아무것도 한 것이 없는데, 우리 아이가 혼자서 잘 커 줬어요."라는 이야기는 사실이 아닌 것 같다. 아이를 둔 부모는 자녀들을 좀 더 바르게, 좀 더 훌륭한 아이로 키우기 위해 매일 매일 전쟁을 치르고 있다.

모두가 잘 알고 있듯이 전쟁은 말로만 치르는 것이 아니다. 잠시만 한눈을 팔면 어딘가로 흔적도 없이 사라지는 것이 아이들이다. 말로만 타이르고 해결책을 찾는 노력도 하나의 방법일 수 있겠으나, 이 전쟁을 무난히 치르기 위해서는 아이 뒤를 그림자처럼 쫓아다니는 이외에 다른 방법이 있겠는가. 저들이 부모의 이런 노심초사를 알기나 할지 모르겠다. 운명처럼 아이는 나의 그림자다. 그림자와 나는 한 몸이다. 그들이 기쁘면 나도 기쁘고 그들이 아프면 나도 아프다. 내 생명이 다할 때까지 저 그림자를 어떻게 버릴 수 있을 것인가. 그들이 움직이는 방향대로 나도 따를 수밖에 없다.

둘째 딸의 기세등등한 막내 찾기 영웅담을 듣다 보니 어느새 김포공항에 도착한다는 안내방송이 나온다. 처음으로 시도한 가족여행이 여차하면 평생 씻지 못할 큰 상처로 남을 뻔했다.

가족의 소중함을 다시금 생각하며 옆자리에 앉은 아들과 딸의 손을 꼭 잡았다. 어느새 세월은 나를 자식의 마음에서 부모의 마음으로 만들어 놓았다는 것을 실감하게 된 하루이다.

적금 만기

작년 이맘때 쯤, 가을 햇살이 차분히 내려앉은 오후였다. 그 햇살만큼이나 넉넉하신 남자 손님 한 분이 객장으로 들어오신다. 마을 주민이면서 아이들 초등학교 학부모인 그 손님이 나를 보더니 농담 한마디 던진다. "적금 들었수광(들었어요)?, 언제 만기 됨수광(되는데요)?"

처음에는 말뜻을 이해하지 못해 눈만 말똥말똥하는 나를 보며 짓궂은 웃음을 보내는 손님이다. 이어지는 손님의 간단한 상품설명을 듣고서야 나 역시 웃음으로 답할 수 있었다. "예, 앞으로 4개월 있으면 만기우다(예요)." 하루가 다르게 불어나는 배 만큼 적금 만기일도 가까워진다. 불어난 체중 탓에 몸이 지치고 힘들 법도 하지만 원금에 이자까지 덤으로 받을 생각을 하니 모든 게 행복이다.

나는 딸만 셋이다. 만기 된 적금을 세 번 탄 셈이다. 그래서 내 마음은 벌써 부자다. 하지만 내 마음과는 상관없이 부모님들께서는 만족을 못 하신다. 특히 친정어머니가 더 안달이다. 외아들한테 시집가서 대를 잇지 못하면 해야 할 도리를 다하지 못한 거라고 입버릇처럼 말씀하신다. 그런 친정어머니께서 덜컥 병을 얻으셨다. 이 년 전 갑자기 찾아온 아랫배 통증으로 병원을 찾은 친정어머니다. 하지만 누구도 예상하지 못했던 폐암 말기라는 진단을 받았다. 이제껏 건강만큼은 그렇게 자신하던 어머니였다

나는 마음을 크게 먹었다. 편찮으신 어머니를 위해서라면 내가 할 수 있는 건 무엇이든 해드리고 싶었다. 그래서 자의 반 타의 반으로 적금을 들게 되었다. 적금을 붓기 시작한 지 4개월째다. 병원을 찾았다. 셋째를 낳을 때 진료하시던 선생님이라 내 마음을 누구보다 잘 아시는 것 같았다. 신중하게 진료를 하시던 선생님이 한 말씀 하신다. "축하합니다. 드디어 아빠에게도 벗이 생겼네요." 의사 선생님 말이 끝나기가 무섭게 숨죽여 있었던 가슴이 방망이질 친다. 아무리 진정하려고 해도 떨리는 가슴을 붙들 수가 없다. 재차 확인하고 또 확인했다.

밖에서 대기 중이던 시어머니와 남편에게 사실을 전했다. 두

분 역시 나와 같은 반응이다. 그렇게도 좋으실까! 어른들이 말씀하시길 아이는 내리사랑이란다. 낳을수록 아깝고 사랑스럽다더니 그 말이 맞는가 보다. 시어머니를 집으로 모신 후 친정어머니가 입원해 있는 병원으로 갔다. 어머니의 손을 꼭 잡으며 뱃속에 아들 손자가 자라고 있다고 전해드렸다. 힘이 없어 여러 말씀은 못 하시지만 어머니의 눈가엔 이미 눈물이 고여 있었다. 그리고 몇 개월 후 해산 일을 며칠 앞두고 어머니는 끝내 눈을 감으셨다.

큰딸이 중학교 1학년이다. 그리고 넷째가 이제 8개월이니 13년의 차이가 난다. 하지만 큰 딸은 불평 한마디 없이 엄마가 없을 때 엄마의 자리를 전부 채워준다. 둘째와 셋째도 마찬가지다. 얼마나 사랑스러운지 보고만 있어도 마음이 든든하다.

몇 년 전, 그러니까 내가 이십 대 초반이었다. 직장을 마치고 버스에 몸을 실어 동문로터리를 지날 때, 마침 신호등이 빨간불이라 버스가 잠시 멈추었다. 그때 내 눈에 들어오는 한 가족이 있었다. 엄마가 포대기로 갓난아기를 업고, 두 살 정도 된 아기는 앞으로 업고, 세 살배기, 다섯 살배기 아이는 양손을 잡고 힘겨운 듯 건널목을 건너는 가족이다. 저무는 노을이 어깨에 내려앉아 한 가족의 하루가 무겁게 지고 있었다. 그 가족의 모습을 보며 계획 없이 자식을 낳아서 엄마와 아이들이 힘든 생활을 하는지 모르겠다는 생각을 했다. 그러면서 나는 결혼하면 절대 아이를 많이 낳지 않겠다고 다짐했었다.

그로부터 이십여 년이 흘렀다. 그때의 다짐은 어디로 갔는지 내 품안에 자식이 넷이다. 그러다 보니 아침이면 우리 집은 행복한 전쟁이다. 출근하랴, 학교 가랴, 어린이집 가랴…. 그리고 넷째는 시어머니 몫이다. 시집오면서부터 시어머니와 함께 살았다. 가끔은 독립하고 싶은 마음도 있었지만, 시어머니는 언제나 든든한 나의 버팀목이 되어 주었다. 아이들 또한 할머니의 사랑을 먹으며 곱게 자랐다. 그래서 나눔이 무엇인지 안다. 특히 우리 집 둘째 딸은 먹을 것이 있으면 할머니 입에 먼저 넣어드린 후 자기가 먹는다. 할머니는 그런 손녀가 기특한지 품 안에 꼭 안으신다.

요즘은 핵가족시대라 3대, 4대가 모여 사는 집이 별로 없는 것 같다. 그래서 아이들은 이기주의적인 면이 많이 보인다. 또한 형제가 많지 않다 보니 집에서는 늘 컴퓨터를 끼고 산다. 그때문인지 시력이 안 좋은 아이들이 점점 많아진다. 맞벌이하는 부모가 대부분이라 모든 것을 혼자 해결해야 하는 아이들이다. 천진난만하게 뛰어놀고 사람들과 어울리며 커야 할 아이들이 외롭고 쓸쓸함을 어린 나이에 너무 일찍 배우는 건 아닌가 싶다. 아이답게 사는 게 무엇인지를 모르는 아이들, 부모의 책임이 크지 않을까 생각해본다.

반면 우리 집 아이들은 얼마나 행복한가? 형제가 많으니 별다른 장난감이 필요 없다. 숙제도 같이 의논하면서 하고, 공부하다 모르는 게 있으면 차례로 봐준다. 셋째 딸도 엄마 말보다는 언니들 말을 더 잘 듣는다. 누가 말하지 않아도 아이들 사이에 자연적으로 규칙이 정해지는 것 같다.

하루는 이웃집 엄마가 나를 보더니 무얼 해서 먹이기에 아이들이 건강하냐고 물어온다. 자기 아이는 아무리 맛있는 걸 해줘도 잘 먹지를 않는다며 속상해한다. 물론 그 집엔 자식이 한 명이다. 그래서 나는 가벼운 농담으로 "우리 집에 일주일만 보내세요."라고 말해주었다. 우리 집 아이들은 궂은 음식이 없다. 별 반찬이 없어도 함께 모여 먹으면 맛이 좋아진다. 가끔 서로 많이 먹으려고 다투면서 먹는 걸 보면 웃음이 나온다. 덕분에 음식 솜씨가 좋은 엄마로 둔갑을 한다. 특별함이 없어도 언제나 특별한 가족, 이것이 살아가는 행복이 아닐까.

조개가 하루하루 아픔을 견디며 영롱한 빛을 발할 때까지 진주를 품는 것처럼, 아이들을 위해서 오늘도 열심히 적금을 들어야겠다.

작품 해설

상실의 존재론, '기다리는 등대'가 되기까지

—진해자의 수필 읽기

허상문(문학평론가, 영남대 교수)

1. 들어가며

현대를 '상실의 시대'라고 부른다. 주체의 상실, 문학의 상실, 아버지의 상실…. 이런 상실의 무대에서는 흔히 비극이 연출된다. 상실이란 이전까지 존재해 왔던 세계로부터 추방되거나 사라지는 죽음을 의미하기 때문이다. 현대적 삶과 인간의 상실은 '영혼 속에서 타오르던 불꽃'(G. 루카치)이 소멸되고, 그로 인해 인간과 세상을 이어주던 존재의 인연이 끊어지는 것을 의미한다. 세계는 냉엄한 이성적 법칙과 불가해한 우연의 편에 서고, 눈앞에서 타오르던 불꽃은 저 먼 하늘의 별처럼 가물대며 멀어져 가고 있다. 근대 이후의 인간에게 세계란 나의 의지와 무관하게 무심한 손길로 우리를 휘저어 놓게 되고, 이때부터 인간은 비극적 상황에 놓이게 된다. 고대의 비극은 신을 지배했지만, 현대의 비극은 인간을 지배한다.

그럼에도 불구하고, 비극이 인간을 완전한 파탄으로 이끄는 것은 아니다. 역설적이게도 세계를 타자로 혹은 비극으로 경험하는 '나'라는 존재는 마지막 순간까지 살아남기 때문이다. 진정으로 치명적인 상실은 이 세계를 존재 가능한 것으로 경험하는 사유 그 자체를 상실하는 것, 다시 말해 세계로부터 떨어져 아무리 비극적인 상황에서도 홀로 존재할 수 있다고 생각하던 나 자신으로부터도 떨어져 가는 것이다. 이 세상에서 가장 단단하고 확고하게 '나의 것'이라고 생각했던 것들, 나의 영혼, 나의 몸, 나의 자식, 나의 일까지 단 한순간도 나의 것이라는 사실을 의심한 적이 없던 것들이 어느 날 나의 것이 아니라는 예감과 마주하는 순간, 또 그들이 허무하게 나로부터 떠나가는 순간, 우리는 주저앉게 되고 절망하게 된다. 내가 '나'라고 여겨왔던 것이 도대체 무엇인지 알 수 없게 되고, 그것이 낯선 타자의 모습으로 느껴지는 순간, 우리는 엄청난 절망적 상실감에 사로잡히게 된다.

진해자의 수필은 이런 끝없는 절망감과 상실감에 사로잡혀 있다. 이 지독한 상실의 순간이 진해자 수필에서 드러나는 전형적인 풍경이다. 그의 문학이 매달리는 것은 우리 삶의 이러저러한 국면이기보다 이 모든 국면을 (불)가능하게 하는 '살아있다는 것' 자체이며, 도대체 살아있다는 것이 어떤 의미를 지니는가에 대한 근원적 물음이다. 그렇기 때문에 일반적인 수필이 특정한 사건과 인물을 중심으로 전개되는 데 반해, 진해자의 수필은 사건과 인간 너머의 본질적 삶의 의미를 캐묻는다. 그리하여 역설적으로 인간과 세상을 인식하는 담론 양식으로서의 수필문학이 지니는 본래적인 서사 문법에 충실하고 있다.

진해자의 수필에서 사건과 인간은 의미 없이 존재하거나 뿌리 내리지 못한 채 부유한다. 그 속에서 작가는 자신의 존재를 구원해줄 무언가를 건져 올리려고 애쓰는 간절한 인간의 모습을 보여준다. 말하자면 진해자의 수필에 대한 올바른 독법은 삶과 인간의 근원적 관계에 대한 사색에 다름 아니라고 할 수 있을 것인데, 이를 규명하는 작업은 바로 작가의 '존재의 은폐성'(M. 하이데거)을 드러내는 일이라고 할 수 있다.

2. 상실의 고통, 부재의 현존

진해자의 수필은 상실로 가득하다. 사랑하는 가족과 친구, 소통과 신뢰, 몸과 마음, 고향의 집, 이런 상실로 인해 나의 자리는 텅 비어 있다. 부재의 체험은 그것이 나에게 가치 있는 것일수록 단순히 어떤 것의 사라짐이나 없음에 대한 의식을 넘어서 엄청난 상실의 감정을 낳게 된다. 상실감은 이미 존재했던 가치 있는 것의 부재 의식에서 비롯되는 것이다. 더 나아가 이러한 부재가 도달될 수 없는 것을 향할 때, 상실은 고통으로 전화된다. 언제나 복귀 불가능한 것에 대한 상처의 강도는 더욱 강렬하게 나타난다.

이미 책머리에서 작가는 "수필은 기본적으로 '상처의 문학'이라는 생각"을 가지고 있으며, "문학은 '나의 상처'를 통해 타자와 세상의 아픔을 위무하고 공감하게 만드는 힘을 지니고 있는 것"이라는 사실을 잘 인식하고 있다. 작가는 자신이 문학을 하는 이유를 다음과 같이 밝힌다.

> 살아오면서 가슴을 도려내듯이 아팠던 일들, 그럴 때마다 하얀 종이 위에 한 자 한 자 아픔을 토해 내었습니다. 상처 입은 수많은 언어가 마음 깊은 곳에서 터져 나옵니다. 그 언어들을 모아 자신을 스스로 위로하고자 한 권의 책으로 엮었습니다. 우리는 모두 사랑을 주고받으며 행복해지기를 바랍니다. 하지만 사랑한다고 해서 모두가 행복해지는 건 아닌가 봅니다. 사랑의 이번에

는 이별이 있고 아픔이 있고 지독한 그리움도 있습니다. 오늘도 내 가슴속의 아픔과 그리움을 조금이나마 달래보고자 하얀 백지를 조금씩 채워갑니다.

—'책을 내며'에서

그렇다면 진해자의 상처와 아픔의 진원은 무엇일까. 그의 일차적인 세계상실의 근원은 사랑하는 가족의 일원이었던 아들의 상실에 기인한 것으로 보인다. 사랑하는 아들의 상실과 그 부재는 많은 작품에 어두운 그림자로 드리워져 있다. 작품 세계에 드리워진 비극적 어둠의 실체를 알아보기 위해서는 먼저 그가 서 있던 막다른 골목의 풍경을 이해해야 한다. 작가는 자신이 조금씩 부식되고 흩어져 마침내 흔적도 없이 사라져버리는 체험을 하게 된다. 이러한 경험은 그의 수필 곳곳에서 공유되고 있다.

아이를 떠나보내는 날 흰 눈이 펄펄 날렸다. 얼어붙은 몸과 함께 마음도 온기를 잃었다. 저 눈처럼 몸과 마음을 다 털어버리고 아이와 함께 훨훨 날아가 버리고 싶다. 하얀 강보에 싸여 우리에게 왔던 아이는 다시 하얀 강보에 싸여 떠났다. 하얗게 쌓인 눈 위에 까마귀 떼는 왜 그렇게 많은지, 까악거리는 소리만 들어도 저승사자가 어린 영혼을 데리러 온 것 같아 소름이 돋았다.

―「양지공원 가는 길」에서

자식을 먼저 보낸 부모는 그들을 가슴에 묻는다고 하지만, 칠 년 동안이나 그렇게 사랑하던 어린 외동아들을 먼저 보낸 부모의 심정이 어떠할지 우리는 쉽게 헤아리기 힘들다. 작가는 "피어보지 못한 꽃봉오리를 잃은 부모의 가슴은 꽃이 떨어진 그 자리에 피멍이 맺히고" (「양지공원 가는 길」), "불러도 대답 없는 메아리만 공허하게 마음을 울린다. 아이가 가는 걸음마다 뚝뚝 떨군 꽃잎은 내 가슴에 화석으로 남아있다."(「상처가 별이 되어」)고 처절하게 이야기한다.

아들의 상실을 가슴 깊은 곳에 화인火印처럼 새기고 살아야 하는 작가의 삶과 문학에 드리워진 어둠은 당연한 일인지 모른다. 진해자의 작품에서 이루어지는 절박함과 암울함의 그림자는 수필 전반에 감도는 숨 막히는 고통의 근원이 된다. 그것은 막다른 벽에서 자꾸만 반복하여 부딪히며 생성되는 피할 수 없는 트라우마다.

작품의 전면에 드리워져 있는 어둠의 이미지들은 한결같이 어떤 종류의 '상실'과 '부재'를 제시한다. 죽음이란 삶의 최종적

국면이지만, 그 이전부터 우리의 삶에 수시로 나타나 괴롭히고, 삶 전체를 전복하기 위해 어른대고 있다. 이런 사실을 감지하는 지점에서 우리는 죽음에 대한 불안에 휩싸인다. 그렇지만 작가는 마침내 "삶 안에 죽음이 있고 죽음 안에 삶이 깃들어 있다는 말이 점점 실감 난다. 무섭고 두렵게만 느껴지던 죽음이 삶과 하나인 듯 여겨진다."(「양지공원 가는 길」)고 생각하게 된다. 작가는 이제 삶과 죽음이 하나인 듯 느끼는 단계에까지 이르게 된다.

작가의 상실은 그의 고향 의식에서도 잘 드러난다. 우리에게 고향은 상실되었거나 상실되어 가고 있는 곳이다. 이제 고향은 마음속에 아련히 남아 있는 '마음의 고향'일 뿐이다. 진해자의 작품에서는 끊임없이 고향에 대한 동경이 드러난다. 이 동경은 미래와 세상 바깥을 지향하는 것이 아니라, 과거와 상실의 세계에 대한 그리움을 위한 것이다. 작품에서 거듭 나타나는 아버지와 어머니에 대한 그리움은 미완의 고향 의식을 잘 보여주는 상징 기제로 작용한다. 「어머니의 휴가」, 「수의壽衣 널기 좋은 날」, 「왕볼래 사랑」, 「참기름 향기」와 같은 작품에서 허다하게 나타나는 어머니와 아버지의 품과 체취는 자꾸 사라져 가고 있다. 한때 벗어나고자 했던 고향은 이제 빈번히 이상화되면서,

돌아오는 연어와 같은 귀소 욕망으로 나타난다. 고향은 어떤 상황 속에서라도 나의 편이 되어줄 것 같은 무한한 사랑과 절대적 신뢰의 처소이다. 그뿐만 아니라 아버지와 어머니의 삶으로 상징되는 고향은 본원적 삶의 터전이다. 독일 작가 노발리스가 이야기했듯, 고향은 우리에게 언제나 아름다운 '푸른 꽃'과 같은 곳이다. 고향에서 보낸 시간은 자아와 세계의 분열 이전의 진정한 삶의 의미로 가득 채워진 시간이었다. 그렇지만 도시는 이런 고향을 파괴하는 욕망과 갈등의 공간이다. 고향을 버리고 떠나온 사람들 사이에는 갈등(「갈등의 숲」)과 소통 부재(「아름다운 소통」)가 일어나고 경계가 드리워진 세상(「경계의 꽃」)이 되어 있다.

그렇지만 상처 없는 사람은 결코 먼 길을 떠날 수 없고, 때로 인생에서 상처는 더 큰 힘이 된다는 것을 작가는 알고 있다. 먼 길을 떠나야 하는 사람에겐 오히려 그 상처가 힘이 된다고 작가는 믿는다. "삶이란 밝은 빛 속에서만 걷는 길이 아니라 어둠 속을 헤쳐나가는 과정이 아닐까. 어둠 속에도 길은 있다. 삶이란 무수한 어둠 속에서 빛을 찾아가는 과정이며, 절망과 허무를 이겨내는 가운데 이루어지는 것"(「와인잔에 빠진 달」)이라는 사실을 믿고 있기 때문이다. 이제 작가는 그 상처의 힘으로 다시 길을 나선다. 아무리 힘들고 절망스러운 세상이지만 우리에게 또 다른 길은 있다. 그 길은 바로 상실되어 부재하는 것들에서 희망을 건져 올리고자 하는 존재론적 열망에서 나온다.

3. 절망 속에서 건져 올린 희망

앞서 우리는 진해자의 고통의 근원에는 사랑하는 아들의 상실과 고향 상실이라는 두 가지의 커다란 기제가 있다는 사실을 살펴보았지만, 이런 상실은 어떤 타자성에 의해 빼앗긴 것이기 때문에 자신의 순수한 삶을 잃은 것만큼 애절하다. 작가가 잃어버린 순수한 삶은 "내가 소중하게 가지고 있던 것을 상실한 것"이다. 그렇지만 모든 것은 여전히 완전하게 포기되지 않은 채 남아있다. 작가는 자신이 잃어버린 것을 상실이라는 틀 안에 넣어둠으로써 오히려 지키고자 한다. 세상이 나에게서 앗아가는 것은 정확히 저 상실이라는 틀이다. 작가는 상실보다 훨씬 더 절박한 것, 말하자면 '상실의 상실'(슬라보예 지젝)을 감수해야 한다. 그럼으로써 그는 돌이킬 수 없는 인생의 비극적 상황을 극복고자 하고 그 괴로움에서 벗어나고자 한다.

그리하여 진해자는 희망에 대한 강렬한 동경으로 또 다른 출발점을 맞이한다. 작가는 고통스럽고 답답한 현실을 벗어나 어딘가로 자꾸 날아가고자 하는 갈망을 가진다. 그러한 갈망은 제주오름에서 만나게 되는 '바람'의 이미지로 잘 표현된다. 오름에서 만나게 되는 바람의 모습을 하염없이 쳐다보고 있는 작가의 모습은 처연하다. "바람에 몸을 맡겨 자유로이 떠돌"며, 이 세상이 아닌 다른 곳으로 달려가고 싶어 한다. 바람은 한때 "나를 할퀴던 무서운 적"이었지만 이제는 나의 "다정한 벗"이 되었다.

> 가버린 시간은 되돌릴 수 없다. 지나간 날은 과거로 묻어두자. 바람에 몸을 맡겨 자유로이 떠돌다 어느 길목에서 나를 흔들고 지나갔던 인연을 만나거든 그때 다시 꽃을 피우자. 바람은 다정한 벗이었고, 동시에 나를 할퀴던 무서운 적이었다. 바람은 좋은 것만 내주지는 않는다. 순하게 불다가도 어느 순간 사정없이 휘몰아치면 마음과 정신이 혼미해진다. 하지만 잔잔한 바다에서는 유능한 뱃사공이 나오지 않는다. 매서운 바람이 있었기에 흔들리면서도 다시 일어서는 용기를 얻었고 내면에 더 튼튼하게 뿌리를 내릴 수 있었다.
>
> —「바람의 길목」에서

힘들고 어려운 고비를 넘기고 중년의 나이를 맞이하여 바라보니, 많은 사람이 자신에게 몰아쳐 오는 바람을 이겨내지 못하고 휩쓸려 가버리거나 사라져 버린 것을 알게 된다. 작가 자신도 바람을 마주하며 서 있었던 적이 한두 번이 아니다. 텅 빈 들판에는 오직 바람과 자신뿐이었다고 진술한다. "바람에 마음을 맡기고 새봄이 오기를 기다린다. 아무리 춥고 황량한 바람이 불어대는 겨울도 봄이 오면 사라질 것이고 새 생명이 움튼다(「바람의 길목」)." 여기서 바람의 이미지는 삶에 대한 어떤 은유로 작동하면서 우리에게 새로운 희망과 생명의 세계를 환기한다. 그러나 이 장면이 강렬한 울림을 갖는 또 다른 이유는 바람의 이미지가 발화되는 방식에, 다시 말해 작가가 이 이미지를 하나의 은유로써 '끌어안는' 방식에 있다. 여행자들이 오름을 산책할 때 만나게 되는 바람은 친숙한 안내자일 수 있지만, 아픔과 상처가 가득한 여인에게 바람은 항상 춥고 황량한 것이다. 어둠 속에서 끝도 없이 불어오는 황량한 바람은 자신이 그토록 두려워했던, 한없이 자신을 미미한 존재로 만들었던 고통과 시련이었다. 그곳에서 살아남는 유일한 방법은 이 바람이 아무리 힘들어도 이를 수용하고 기다리는 길뿐이다. 그러다 보면 우리의 상처를 헤집고 흔들던 바람은 기어코 지나간다.

인간에게 희망이란 무엇인가. 아무리 절망적인 상황이 닥친다 해도 인간은 희망이 있기 때문에 존재할 수 있다. 상실이 나의 삶과 무관한 것이라면 그것을 외면하거나 도려내고 순수한 삶을 회복하면 된다. 그러나 진해자에게 상실이란 불가피하게 당면해야 하는 삶의 어두운 그림자였다. 그럼에도 불구하고 그의 삶에서 우리가 주목할 것은 어두운 절망 속에서도 손쉬운 해결책을 찾거나 절대 포기하지 않는 순정한 마음이다. 그는 막다른 골목에 서 있으면서도 힘들고 어려운 '바람'을 정면으로 맞으면서 희망을 잃지 않는다. "희망을 접으면 밝은 대낮도 캄캄할 것이고, 희망을 품으면 어두운 밤도 환할 것이다. 고통 속에서 살지라도 희망의 끈을 놓을 수는 없다(「기다리는 등대」)."

작가는 이제 희망을 이야기한다. 그리스신화의 '판도라의 상자' 안에 마지막까지 남은 것이 '희망'이라는 사실을 이야기하면서, '희망'이 있기에 우리는 아무리 힘들어도 현재를 견딜 수 있다고 말한다(「잠시 머무는 바람」). 희망에 대한 동경과 열망을 통해 진해자는 힘겹게 새로운 발걸음을 내디딘다. 그 방향은 이때까지 그가 아파온 절망으로부터의 또 다른 바깥세상이다. 이제 그는 깊은 절망의 심연에서 빠져나오고자 한다. "힘들고 절망의 그림자가 몰려올 때일수록 더 나은 삶에 대한 희망을 가져야만 인간은 현재의 힘든 상황을 이겨나갈 수 있다."(「잔인한 봄날」)는 인식을 하게 된다.

여기서 진해자의 수필들을 조금만 눈여겨 살펴보면, 그의 작품은 크게 두 부류로 나누어질 수 있음을 알 수 있다. 「양지공원 가는 길」, 「상처가 별이 되어」, 「새 날다」와 같은 부류의 작품에서는 깊은 절망의 어둠이 드리워져 있는가 하면, 「바람의 길목」「잠시 머무는 바람」「잔인한 봄날」과 같은 작품에서는 희망과 생명에 대한 열망으로 가득 차 있음을 보게 된다. 진해자의 작품세계에 대한 이런 분석은 별도의 논의를 필요로 하는 것이지만, 아무튼 인간과 세상에 대한 다른 작가의식은 그를 바라보는 다른 관점을 낳는다. 많은 경우 진해자의 작품들에서 '나'의 존재는 낯선 타자성에 의해 강제로 강탈되거나 침식되어 버리는 경우를 흔히 볼 수 있지만, 이런 부정적 현상은 일부 작품에서는 현저히 완화되어 또 다른 희망의 세계를 이야기하고 있다. 이로 인해 진해자의 수필을 지배하는 비극적 긴장도 약화되거나 순화된다.

인간의 힘으로 더 어찌할 도리가 없는 비극에 대면하게 되는 순간, 인간은 각자의 상실과 부재 속에서 절망하며 살아가게 되지만, 영원히 괴로워하며 살아갈 수만은 없다. 이러한 인식은 기다림과 그리움 같은 새로운 삶의 단계로 우리를 인도한다.

이제 작가는 '비워내기'를 통해 새로운 삶에 도달하고자 하며, 비어있으면서도 무언가로 새롭게 채우고자 하는 기다림의 삶을 발견한다. 그것은 비어있음 그 자체로서 아름다운 것이 아니라 비어있으면서도 누군가를 기다리는 아름다움이다. 이를테면 그것은 텅 빈 채 외로운 바다를 지키고 있는 '기다리는 등대'와 같은 것이 아닐까.

4. 등대－기다림의 미학

절망과 슬픔을 이겨낸 작가는 마침내 '기다리는 등대'가 되고자 한다. 등대에는 떠나간 사람이 올 때까지 언제까지 기다리겠다는 기다림의 미학이 담겨 있다. 떠나가는 것은 슬픈 일이지만, 기다림에는 또 다른 아름다움이 내포되어 있다. 작가는 기나긴 고통과 슬픔을 넘어 마침내 서쪽 하늘을 물들이는 노을을 바라보면서 어둠의 바다를 지키는 등대가 된다. 등대는 기나긴 기다림의 이미지를 담고 있다.

기다림에는 슬픈 바다 냄새가 난다. 가까이서 멀리서 출렁이며 다가왔다 사라지는 바다에는 떠남과 기다림이 있다. 그동안 얼마나 많은 사람이 저 바다로 떠나갔던가. 등대는 그 모든 것을 다 지켜보며 알고 있다. 기다림은 정말 기다려 본 사람만이 안다. 지금 나에게 다가오는 파도 소리, 멀어져 가는 뱃고동 소리, 이별의 흐느낌, 모든 소리는 네가 오는 소리로 들린다. 언제나 네가 오기를 기다린다. 기다림은 또 다른 고통의 시간이다. 네가 언제 올지 아니 올지 알 수 없다. 그렇지만 나는 기다려야 한다.

나에게 오지 않을 사람을 기다리는 것은 아픔이고 그것을 지켜보는 것도 아픔이다. 그러나 이렇게 아픈 것도 아름답다. 기다림은 한없이 아프고 슬픈 일이지만 한없이 아름다운 일이다. 작가는 지금 바다의 등대가 되어 무엇을 기다리고 있을까?

> 하루를 잘 살아내고 넘어가는 해가 오늘따라 유독 붉고 아름답다. 붉은 노을이 아름답게 보이는 건 내가 살아있기 때문이다. 생명이 있는 한 희망은 있다는 말이 이 순간 소중하게 와닿는다. 나는 바다로 간다. 지나간 시간을 기억하며, 오지 않을 사람을 기다리며, 목숨 걸고 꽃피우던 나날을 바라본다. 사람, 시간, 언어, 그 사이에 기대서서 죽어도 좋겠다. 저 기다리는 등대처럼.
>
> —「기다리는 등대」에서

작가는 '지나간 시간'을 기억하고, '오지 않을 사람'을 기다리며, '목숨 걸고 꽃피우던 나날'을 추억한다. 그러면서 그는 사람과 시간과 언어를 기다린다. 그동안의 모든 상실과 슬픔으로부터 마침내 진해자가 도달한 등대는 구원의 정신적 표상일 것이다. 이것은 바로 아픔의 세계를 극복하고자 하는 여성이 지닌 모성성인지 모른다. 이는 오래도록 자신의 생에 멍에처럼 드리워져 있던 상처와 상실의 이름표를 존재론적으로 극복하고자 하는 의지이다.

기다리는 등대가 되면서 작가는 자신과 단절되었던 삶을 다시 잇고자 한다. 그동안 그의 삶은 안과 밖, 희망과 절망의 단절로 이루어져 있었다. 진해자의 수필에는 허다하게 길과 문의 이미지가 나타난다. 세상에는 무수한 길과 집과 문이 있다. 길은 어디론가 뻗어가면서 사람들의 갈 길을 만들어주고, 집은 그들의 삶을 안식케 하고 그 안에 방을 준비하고 있다. 문은 공간과 공간 사이를 나누고 터주면서 안과 밖의 경계를 설정해준다. 그리하여 세상의 모든 존재는 나름의 일정한 존재 방식과 존재 이유를 지닌다. 진해자도 이에 다르지 않다.

> 언제나 나는 안의 세상에만 있었다. 협소한 삶의 공간, 아침저녁으로 어쩔 수 없이 해야 하는 지루하고 잡다한 집안일들, 사람과의 일상적 만남, 직장에서 늘 반복되는 업무는 나를 속박하고

좌절시켰다. 새장 속에 갇힌 새처럼 바깥세상을 늘 동경했다. 언제면 저 밖의 세상으로 마음대로 날아갈 수 있을까.

나는 안과 밖의 경계에서 서로 다른 세상을 바라보며 살고 있었다. 안과 밖으로 나누어진 삶은 결코 온전한 것일 수 없다는 생각이 들었다. 와인잔 안의 세상과 밖의 세상을 본다. 잔 안에 담긴 와인이 아무리 감미롭고 황홀해도 잔 밖의 달을 따라 어딘가로 흘러가고 싶다.

―「와인잔에 빠진 달」에서

진해자의 바깥세상에 대한 열망은 새로운 세상에 대한 희망의 그것이다. 작가는 그동안 자신을 속박해온 안과 밖의 경계에서 벗어나 새로운 세상을 바라보기를 갈망한다. 여기서 진해자는 안과 밖 사이에 존재하는 경계의 관계를 통해 자아와 세계 사이의 소통의 문법을 우리에게 보여준다. 안이 작가의 내면세계라면, 밖은 그가 내다보는 외부세계이다. 방과 문은 이들 사이를 여닫아주는 통로로써 '소통'을 가능하게 해 주는 주체적이고 의지적인 매체로 설정된다. 안과 밖은 "저 밖의 세상으로 마음대로 날아"가고자 하는 새의 이미지를 통해서 잘 표현된다. 작가는 말한다. "새는 날아야 새다. 날지 않고 둥지를 지키고 있다면 그건 이미 새가 아니다. 날아오르는 게 힘들지라도 열심히 날갯짓하며 날아올라야 아름답다(「새 날다」).”

작품의 여러 장면에서 우리는 자아와 타자, 자아와 세상과의 단절로부터 이를 연결 짓고자 하는 작가의 눈물겨운 노력을 만난다. 이제 그는 그러한 연결이 자신의 삶을 새롭게 실현하게 될 것을 알게 된다. 진정한 연결은 단절의 이어짐 속에 있으며, 충만한 삶이란 그것의 철저한 부재 그 자체이다. 그런 인식 속에서 비로소 작가는 그토록 염원하던 것, 상실 속에서 부재했던 자신의 존재를 다시 발견하게 된다. 진해자의 길고도 힘겨운 삶과 문학의 작업은 이 막다른 존재론의 윤곽을 그리는 일이었으며, 끔찍한 상실과 부재로부터 새로운 지도를 그려내기 위한 노력이었다.

그러기 위해 작가는 기다리고 또 기다릴 것을 다짐한다. 인간에게 기다림이란 희망의 동어반복이며, 그것이 없다면 인간은 존재할 수 없다는 사실을 작가는 잘 알고 있다. 그는 오늘도 저 바다에서 자신에게 다가올 세월과 사람을 ‘기다리는 등대’처럼 하염없이 기다리고 있다.

4. 맺으며

진해자는 삶과 죽음, 절망과 희망의 상황 속에서 진정한 존재의 모습이 어떠해야 하는가를 집요하게 묻고 있다. 그가 작품에서 던지는 삶이란 무엇인가, 존재의 의미란 무엇이냐는 실존적 의문은 바로 우리에게서 상실은 무엇이고 채움은 무엇인가를 묻는 근원적 물음이라 할 수 있다. 오랜 고뇌로부터 작가는 마침내 텅 빈 자신을 발견하며, 더 나아가 비어있음으로써의 존재의 모습을 발견한다. '나'를 찾기 위한 내적 침잠은 역설적으로 자신 안의 빈 곳을 채우는 타자의 발견으로, 타자를 내 존재의 조건으로 인정하는 것을 의미한다. 이를테면 그는 우리에게 '상실의 존재론'이라 부를 수 있는 것, 잃은 것은 잃은 대로 비워두며 기다려야 할 것은 기다려야 한다는 미학적 인식을 이룬다.

진정으로 최악의 절망적 상황에서 삶의 희망은 새롭게 피어나고, 모든 언어가 바닥난 바로 그곳에서 진정한 문학은 새롭게 시작되는 것이 아니던가. 진해자는 자신이 관통해온 아득한 절망의 수렁에서, 기어이 새로운 삶에 대한 해답을 길어 올리는 데에 성공한다. 그러한 의미에서 이번에 출간되는 『기다리는 등대』는 진해자의 삶과 문학세계에서 대단히 중요한 전환점이 될 것으로 보인다. 삶과 문학에서의 기나긴 고통과 슬픔 끝에 그가 획득한 것은 작지만 중요한 하나의 마침표이다. 그것은 자신이 하고 싶은 모든 말을 다 했음을 의미한다기보다는, 그 마침표를 통해 이제 삶과 문학의 문장이 다시 시작될 수 있음을 의미하는 것이다.

『기다리는 등대』는 진해자에게 타자와 세상으로 새로이 나아갈 수 있는 중요한 이정표를 제공할 것임이 분명하다. 그에게 자아와 타자, 자아와 세상에 대한 탐구는 더 이상 좌절하거나 절망적인 것이 아니다. 그의 삶과 문학은 이제 새로운 희망을 준비하고 있으며 이를 통해 더 나은 가능성으로 나아가고 있기 때문이다. 그렇기 때문에 우리는 '기다리는 등대'처럼 기다릴 수 있다. 진해자를 아끼는 독자로서, 그토록 아파했던 존재와 삶에 대한 상실과 슬픔을 우리도 함께 기억하면서, 그의 삶과 문학이 새로운 모습으로 등장하게 되기를 기다려 본다.

진해자 수필집

기다리는 등대

인쇄 2018년 12월 5일
발행 2018년 12월 10일

지은이 진해자
발행인 서정환
펴낸곳 수필과비평사
주소 서울시 종로구 삼일대로 32길 36(익선동 30-6 운현신화타워 빌딩) 305호
전화 (02) 3675-3885, (063) 275-4000 · 0484
팩스 (063) 274-3131
이메일 sina321@hanmail.net essay321@hanmail.net
출판등록 제300-2013-133호
인쇄 · 제본 신아출판사

ISBN 979-11-5933-192-3 03810
값 13,000원

이 도서의 국립중앙도서관 출판예정도서목록(CIP)은 서지정보유통지원시스템 홈페이지(http://seoji.nl.go.kr)와 국가자료공동목록시스템(http://www.nl.go.kr/kolisnet)에서 이용하실 수 있습니다.(CIP제어번호: CIP2018038703)

Printed in KOREA

이 책은 문화체육관광부, 제주특별자치도, 제주문화예술재단의 기금을 지원받아 발간되었습니다.